古代歷史文化 研究輯刊

二七編

王明蓀 主編

第 7 冊

五季宋初史論探（中）

曾育榮 著

國家圖書館出版品預行編目資料

五季宋初史論探（中）／曾育榮 著 -- 初版 -- 新北市：花木
蘭文化事業有限公司，2022〔民 111〕
目 2+156 面；19×26 公分
（古代歷史文化研究輯刊 二七編；第 7 冊）
ISBN 978-986-518-775-0（精裝）
1.CST：五代史 2.CST：宋史
618   110022107

ISBN-978-986-518-775-0

9 789865 187750

古代歷史文化研究輯刊
二七編 第 七 冊   ISBN：978-986-518-775-0

五季宋初史論探（中）

作　　者　曾育榮
主　　編　王明蓀
總 編 輯　杜潔祥
副總編輯　楊嘉樂
編輯主任　許郁翎
編　　輯　張雅淋、潘玟靜、劉子瑄　美術編輯　陳逸婷
出　　版　花木蘭文化事業有限公司
發 行 人　高小娟
聯絡地址　235 新北市中和區中安街七二號十三樓
　　　　　電話：02-2923-1455／傳真：02-2923-1452
網　　址　http://www.huamulan.tw 信箱 service@huamulans.com
印　　刷　普羅文化出版廣告事業
初　　版　2022 年 3 月
定　　價　二七編 13 冊（精裝）台幣 38,000 元

五季宋初史論探（中）

曾育榮 著

目

次

上　冊

高氏荊南的二元政治體制及其優劣

　　高氏荊南（又稱南平或北楚）政權始於後梁開平元年（907），以荊、歸、峽三州為基本版圖，統治中心位於今湖北江陵，「傳襲四世五帥，至宋乾德改元（963），國除，凡五十七年」〔註1〕。高氏荊南在其 50 餘年的發展歷程中，因受制於其時特定的政治、軍事環境，從未稱帝，而一直以藩鎮自居，故在其獨立的小王國之內，藩鎮體制在政權組織形式中佔據主導地位。不過，較之唐末藩鎮而言，高氏荊南割據性更強，自主權更大，即便是藩屬中朝，稱臣於吳、南唐，亦僅僅是藉此以庇護自身，免遭滅頂之災而已。除藩鎮體制外，高氏荊南的政治組織形式亦不乏王國體制的痕跡，儘管這種特徵並不明顯，且被藩鎮體制所主導，也始終未臻成熟，但其已然有所顯現，並作為藩鎮體制的補充而長期存在。就此而言，高氏荊南的政權組織形式兼具藩鎮體制與王國體制，兩種體制並行不悖，具有典型的二元體制或雙軌制特點。雖然這種雙軌制政治架構並不對稱，其中王國體制的色彩，與同一時期南方政權中的馬楚、吳越等國相比確乎黯淡不少，但此間的差別恰如五十步之於一百步，若從實質內容予以考察，實際上三者並無本質差別。高氏荊南雙軌制的政權組織形式，是基於該政權特定的政治地理區位和其時地緣政治結構的特殊形勢而做出的必然應對，為該政權在列強相爭的夾縫中存續半個多世紀提供了政治上的保障。既往論者在探討高氏荊南政權存在的歷史原因時，或從南北通商、睦鄰外交入手；〔註2〕或從保境息

〔註1〕（清）吳任臣：《十國春秋》卷 101《荊南二·侍中繼沖世家》，中華書局點校本 1983 年版，第 1453 頁。
〔註2〕沈起煒：《五代史話》，中國青年出版社 1983 年版，第 109 頁。

民、恢復生產著眼；〔註3〕或從交好四鄰、休養生息出發；〔註4〕或從鄰邦存之以為緩衝、重用人才、保境安民立論；〔註5〕或從其政策是否符合複雜環境與政局穩定角度切入；〔註6〕或從和睦四方、築城自固、任賢用能分析；〔註7〕或從外在的統一條件尚未形成，高氏荊南在內部又能知人善任、保境自足立意，〔註8〕諸家所論已大體揭櫫高氏荊南立國、延續的眾多因素，惟較少關注於該政權的政治體制在自立一方、存在近60年的過程中所發揮的作用，故稍有補充之必要。本篇擬通過勾勒高氏荊南的二元政治體制，探尋其構建背景與意圖，評判二元政治體制的優長與缺陷，以期有裨於今人對該政權的重新認識與評估；間或亦論及此種體制對於高氏荊南自存於一時所收到的客觀效果，以期彌補學界在該政權立國原因探討上之不足。倘有不當，敬希賜教。

一、藩鎮體制的政權組織形式

高氏荊南在其歷史發展過程中，自始至終以藩鎮自居，故其政權組織形式脫胎於唐末以來的藩鎮體制，兩者形式上高度一致。

依唐代藩鎮慣例，在節度使身兼的各種使職當中，觀察使是最基本、最普遍的使銜，掌督察州縣，係地方一級行政長官。若是軍事重鎮，則以節度使兼領，無節度者例加都防禦使或都團練使，以負責軍政。故唐後期40餘個藩鎮，無不帶觀察使，而帶節度使者則不多。〔註9〕正因為節度使職掌軍事，對唐末五代十國時期志在獨擅一方的割據勢力而言，其意義遠非其他使銜可比。

高氏荊南政權一直保留藩鎮特點，故高氏五主最基本的使職皆為「節度使」，亦依舊例仍兼觀察使。史載：高季昌始任荊南留後，「及梁祖禪代，正拜江陵尹，兼管內節度觀察處置等使」〔註10〕。又如，長興元年（930）十二月，

〔註3〕陶懋炳：《五代史略》，人民出版社1985年版，第177頁。

〔註4〕朱巨亞：《淺析荊南政權存在的原因》，《蘇州科技學院學報》1987年第3期。

〔註5〕宋嗣軍：《五代時期南平立國原因淺析》，《湖北師範學院學報》1990年第3期。

〔註6〕鄭學檬：《五代十國史研究》，上海人民出版社1991年版，第14頁。

〔註7〕曾國富：《五代南平史三題》，《中國史研究》1996年第1期。

〔註8〕李文瀾：《湖北通史·隋唐五代卷》，華中師範大學出版社1999年版，第407〜408頁。

〔註9〕張國剛：《唐代藩鎮研究》，湖南教育出版社1987年版，第181頁。

〔註10〕（宋）周羽翀：《三楚新錄》卷3，五代史書彙編本，第10冊，杭州出版社點校本2004年版，第6327頁。

明宗製詞亦說：

> 荊南節度使高從誨亡父，扶天輔國翊佐功臣、荊南節度、歸峽等州觀察處置等使、開府儀同三司、簡較〔檢校〕太尉、尚書令、江陵尹、上柱國、南平王、食邑八千戶、食實封五百戶高季興，可贈太尉。〔註11〕

上述製詞在追述高季興生前官爵時，即提到「歸峽等州觀察處置等使」，此為季興在世時曾兼觀察使一職的明證。並且，季興統治時期亦曾辟署李載仁、王惠範為觀察推官，〔註12〕此亦可證季興確兼觀察使。其後高保融亦曾被授此職，如後漢初年，高保融繼位之初，曾被授「荊歸峽觀察使」〔註13〕；顯德元年（954）正月，仍兼荊歸峽觀察使。〔註14〕儘管高從誨等三主兼觀察使的記載，迄今未見，但由節度使必兼觀察使的唐後期舊制來看，高氏五主均當領有此銜。

而且，節度使府與觀察使府各有其幕職。另外，藩鎮一般還要兼支度、營田、招討、經略、按撫等使職，各使之下亦有副使、判官、巡官等一批幕僚。還要看到，藩鎮體制至唐末業已形成由幕職官系統、牙軍系統和外鎮軍系統構成的體系。就權力運作的角度而言，幕職官系統是藩鎮開展各項政務的核心機制。幕職官包括文職和武職兩個部分，節度使府的主要文職有副使、行軍司馬、判官、掌書記、參謀、推官、衙推等。觀察使府的主要文職有副使、支使、判官、掌書記、推官、巡官、衙推、隨軍、要籍、進奏官等。〔註15〕又據《新唐書·百官志四下》所載：節度使「兼觀察使，又有判官」〔註16〕，而不言副使，故觀察使兼節度使時，其下無副使。並且，藩鎮幕府中還有不少武職，如都知兵馬使、兵馬使、都虞候、虞候、都押衙、押衙、都教練使、教練使、都指揮使、指揮使等，這些人員主要出自行伍，是藩鎮節帥駕馭其麾下軍隊所倚重的軍事指揮骨幹。因此，所謂藩鎮幕府，實際上是上述各種

〔註11〕 （宋）王欽若等：《冊府元龜》卷 168《帝王部·姑息三》，中華書局影印本1960 年版，第 2143 頁。

〔註12〕 《三楚新錄》卷 3，第 6328、6329 頁。

〔註13〕 （元）脫脫等：《宋史》卷 483《荊南高氏世家》，中華書局點校本 1985 年版，第 13952 頁。

〔註14〕 《冊府元龜》卷 129《帝王部·封建》，第 1557 頁。

〔註15〕 《唐代藩鎮研究》，第 182 頁。

〔註16〕 （宋）歐陽修、宋祁：《新唐書》卷 49 下《百官志四下》，中華書局點校本1975 年版，第 1309 頁。

使職全部幕員的混合，以此構成一支可觀的官僚隊伍。〔註 17〕其中，兩使幕僚又是藩鎮幕府的主體。

在高氏荊南的藩鎮幕府中，也包括兩使幕職。兩使幕職中，除一些彼此並不相同的幕職極易區分外，由於觀察使與節度使往往兩使合一，又因節度使府與觀察使府僚佐多有同名者，而史載中常常並未明確標識其所屬關係，故很難辨清其所屬使府系統。因此，下文主要以節度使府的幕職為敘述對象，對於觀察使府幕職不再進行單獨探討。

不過，前述兩使文職和武職並非皆見於高氏荊南的藩鎮幕府中。據史料所載，高氏荊南幕府中的文職，主要有節度副使、行軍司馬、判官、支使、掌書記、推官、孔目官等；幕府中的武職，則主要有都押衙、押衙、都指揮使、指揮使等。藩鎮幕職中的其他文職、武職均不見於史籍。囿於篇幅，茲僅就翻檢史料所得，分文職與武職兩個系列稍做介紹，具體情形及詳細史源引徵，另以專文表之。幕府文職中，曾任節度副使者有高保融、高保勗、高繼沖等，〔註 18〕曾任行軍司馬者有王保義、高從誨、高保勗等，〔註 19〕曾任判官者惟孫光憲，〔註 20〕曾任觀察支使者有孫光憲、王崇範，〔註 21〕曾任掌書記者有李載仁、孫光憲、高保寅等，〔註 22〕曾任推官者有李載仁、王貞範、王惠範等，〔註 23〕曾任孔目官者有王仁厚、嚴光楚等。〔註 24〕幕府武職中，曾任都

〔註 17〕《唐代藩鎮研究》，第 182 頁。

〔註 18〕分見（宋）歐陽修：《新五代史》卷 69《南平世家》，中華書局點校本 1974 年版，第 859 頁；《十國春秋》卷 101《荊南二‧侍中保勗世家》，第 1450 頁；同書同卷《荊南二‧侍中繼沖世家》，第 1451 頁。

〔註 19〕分見（宋）薛居正：《舊五代史》卷 133《高季興傳》，中華書局點校本 1976 年版，第 1754 頁；《冊府元龜》卷 178《帝王部‧姑息三》，第 2142 頁；《舊五代史》卷 114《周世宗紀一》，第 1522 頁。

〔註 20〕（宋）李燾：《續資治通鑒長編》卷 4，乾德元年二月，中華書局點校本 2004 年版，第 84 頁。

〔註 21〕分見（五代）齊己：《白蓮集》卷 4、卷 6，四部叢刊初編本，第 131 冊，上海書店影印本 1989 年版；《宋史》卷 483《荊南高氏世家》，第 13954 頁。

〔註 22〕分見（清）繆荃孫輯：《北夢瑣言逸文》卷 3《薛韋輕高氏》，載（五代）孫光憲：《北夢瑣言》，中華書局點校本 2002 年版，第 411 頁；（宋）司馬光：《資治通鑒》卷 275，後唐明宗天成元年四月，中華書局點校本 1956 年版，第 8979 頁；《宋史》卷 483《高保寅傳》，第 13955 頁。

〔註 23〕分見《三楚新錄》卷 3，第 6328 頁；《北夢瑣言逸文補遺》「王氏女」條，第 453 頁；《三楚新錄》卷 3，第 6329 頁。

〔註 24〕分見《北夢瑣言逸文》卷 2《高季昌推崇梁王》，第 402 頁；同書卷 3《鄭起空宅夢異》，第 415 頁。

押衙者惟孫仲文，〔註25〕曾任押衙者惟劉知謙，〔註26〕曾任都指揮使者有高從誨、倪可福、李端、梁延嗣、李景威等，〔註27〕曾任指揮使者有高從嗣、魏璘、李景威等。〔註28〕高氏荆南的幕府成員，除上述正職外，尚有攝官，如劉暐、穆昭嗣等；〔註29〕另有不入幕的僚佐，如梁震「獨不受辟署，稱前進士」〔註30〕。

前述幕職成員，即為高氏荆南政權文武班底的骨幹力量，亦是高氏荆南推行軍政、民政措施的關鍵人物。以上幕職成員皆因高氏荆南自行辟署入幕，其所遵行的仍然是唐代藩鎮幕府的辟署制度，即延引士人入幕皆須有表奏朝廷的必經手續。儘管五代朝廷在辟署僚佐方面還曾有諸多限令，後梁時期甚至一度廢除使府辟署制，使府僚佐盡由除授；後唐莊宗朝重新恢復辟署制度，但明確規定幕職中的節度副使和兩使判官，自同光二年（924）八月之後皆由除授。〔註31〕但實際上藩鎮辟請幕職的自主權仍相當大，特別是對於像高氏荆南這樣的割據政權而言，其境內官員的任命，基本上都是採用自行辟署的方式。在前述幕職成員中，不難發現，包括節度副使、兩使判官和使府軍事判官等重要幕員，無一例外地均出自高氏荆南管內，迄今尚未見到由中原朝廷從其他地區直接派駐至高氏荆南使府任職者。

與唐代藩鎮行用辟署制度以延用人才入幕的程序相同，高氏荆南幕職僚佐的任用，應當也是遵循先署職和後辟官的途徑，即士人入幕後即被高氏五主署為上述各種幕職，然後再上報所臣屬政權的中央有關部門，請求授予某官。故而，高氏荆南的幕僚，同樣有「官」有「職」。「職」的具體職掌與「官」

〔註25〕 《宋史》卷483《荆南高氏世家》，第13954頁。

〔註26〕 《新五代史》卷69《南平世家》，第858頁。

〔註27〕 分見《新五代史》卷69《南平世家》，第858頁；《資治通鑒》卷271，後梁均王龍德元年十二月，第8871頁；同書卷282，後晉高祖天福六年十二月，第9230頁；（宋）李燾：《續資治通鑒長編》卷3，建隆三年十一月，第75頁；《十國春秋》卷103《荆南四‧李景威傳》，第1468頁。

〔註28〕 分見《資治通鑒》卷276，後唐明宗天成三年六月，第9020頁；《新五代史》卷69《南平世家》，第859頁；（宋）路振：《九國志》卷12《北楚‧李景威傳》，五代史書彙編本，第6冊，杭州出版社點校本2004年版，第3371頁。

〔註29〕 分見《冊府元龜》卷729《幕府部‧辟署四》，第8681頁；《北夢瑣言逸文》卷1《僧懷濬書吉凶》，第383頁。

〔註30〕 《十國春秋》卷102《荆南三‧梁震傳》，第1461頁。

〔註31〕 （宋）王溥：《五代會要》卷25《幕府》，上海古籍出版社點校本1978年版，第395頁。

的改遷並無關聯，幕府成員的「職」由高氏五主自行確定，而「官」的遷轉則須奏請所奉事的中央政權。以孫光憲為例，其在高氏荊南幕府期間，曾任掌書記和判官，此皆為幕職，即由高氏荊南所署。又「累官至檢校秘書監兼御史大夫，賜金紫」〔註32〕，其中秘書少監為檢校官，御史大夫是憲官，前者寓意地位尊崇與升遷經歷，後者自唐代中後期已然成為幕職，亦與具體職掌無涉。又因御史大夫為從三品，依唐制尚不能服金紫，故須「賜金紫」。凡此種種，皆來自於中央政權的授予。

依據上述，高氏荊南政權的組織形式，沿襲的是唐代後期藩鎮的模式，兩者幾無不同。之所以如此，這其中固然有地域狹小的因素所使然，更為重要的是，該政權基於立國、延續的需要，出於自保的目的，而不能不採用這種以藩鎮體制為主體的政治架構。一言以蔽之，高氏荊南依憑藩鎮身份可稱臣於中朝，或屈事於吳、南唐，其目的在於利用實力強大的政治實體間的相互牽制關係，依附於某一方，藉此以尋求政治、軍事庇護，從而使自身擺脫腹背受敵的困境，避免覆亡的命運。這是高氏荊南藩鎮體制的最大特色。而且，在南方割據政權中，也僅有高氏荊南自始至終均以藩鎮的政治體制為主體。

當然，高氏荊南的政治運作方式，又不完全等同於唐末藩鎮，其在內政外交上的自主權並非昔時藩鎮可比，高氏荊南實際上已經是一個獨立的割據政權，但因該政權不得不確立藩鎮的政治體制，因此，其王國體制並不是非常明顯，但多少還是有所顯現。

二、王國體制的初步顯現

如前所述，高氏荊南的政權組織形式以唐代後期的藩鎮體制為基本骨架，其文臣武將幾乎都是幕職成員。然而，作為一個獨立的政權，在藩鎮體制的架構之外，高氏荊南多少還體現出一些王國體制的味道，雖說這種體制的色彩較為淡薄，且始終居於從屬的和次要的地位，不得不屈從於藩鎮體制，但這一切又始終無法掩蓋其已然顯現的王國體制的痕跡。

高氏荊南的四世五主，從未接受過「××國王」的封號，缺乏公然實施王國體制的合理名義，故該政權並未如馬楚和吳越一樣，正式設置王國體制。但這畢竟只是一種假象，深入到高氏荊南歷史發展的實際，仍能發現其潛藏

〔註32〕《宋史》卷 483《孫光憲傳》，第 13956 頁。

著王國體制的諸多因素。而王國體制的種種端倪，姑且拋開獨立外交、自主開展對外戰爭等不提，即令在藩臣之禮的恪守上，高氏荊南統治集團也常常有違常制，下述幾方面便是其具體表徵。

其一，宗廟制度。史載：宋太祖乾德元年（963）九月，繼沖赴朝前，「具文告三廟」〔註33〕，隨後方至京師。《輿地紀勝·荊湖北路·江陵府下·碑記》即載有「南平高王廟碑」〔註34〕。而在高氏五主中，被封為南平王者，僅有高季興、高從誨和高保融，〔註35〕所以，「三廟」應該就是此三人薨後所立。儘管高氏荊南的宗廟制度，看似與唐宋時期普遍存在的官僚家廟制度並無二致，較之古代帝王典型的七廟或五廟制度，相去甚遠，不合規矩；甚至亦未達到四廟的宗廟基數，〔註36〕與傳襲久遠的喪服制度和客觀的人倫關係不相吻合，但其已然有所設立，固為不爭事實，只不過較為粗陋或隱蔽罷了，這也正是藩鎮體制佔據主導地位的客觀情勢使然。

其二，宮室與輿服制度。後晉天福八年（943），高從誨「鑿江陵城西南隅為池，立亭於上，曰渚宮。先是，城東南舊有渚宮，王特倣其名而稱之，又置亭於渚宮側，曰迎春」〔註37〕。雖說此處「渚宮」僅是襲用舊名而重建的亭子，然而考慮到「宮」是帝王房屋、宮殿的特有專稱，高從誨不避忌諱敢於以「渚宮」為亭名，無疑屬於僭越禮制之舉。

在輿服的使用上，高氏荊南也明顯突破了藩臣本分。高從誨時，即「飾車服，尚鮮華」〔註38〕，可能已不大恪守王制。其後，更呈愈演愈烈之勢。史載：

> （竇）儼顯德中奉使荊南，荊南自唐季以來，高氏據有其地，雖名藩臣，車服多僭侈踰制，以至司賓賤隸、候館小胥，皆盛服影纓，與王人亢禮。儼諷以天子在上，諸侯當各守法度，悉令去之，

〔註33〕 《新五代史》卷69《南平世家》，第861頁；《十國春秋》卷101《荊南二·侍中繼沖世家》同此，第1453頁。

〔註34〕 《輿地紀勝》卷65《荊湖北路·江陵府下·碑記》，中華書局影印本1992年版，第2235頁。

〔註35〕 分見《舊五代史》卷31《唐莊宗紀五》，第431頁；同書卷45《唐閔帝紀》，第616頁；同書卷113《周太祖紀四》，第1501頁。

〔註36〕 陳戍國：《中國禮制史·隋唐五代卷》，湖南教育出版社1998年版，第483頁。

〔註37〕 《十國春秋》卷101《荊南二·文獻王世家》，第1443頁。

〔註38〕 （宋）阮閱：《詩話總龜·前集》卷22《宴遊門》，人民文學出版社點校本1987年版，第239頁。

然後宣達君命。〔註39〕

限於史料缺略，高氏荊南輿服逾制的具體情形著實不易考知，但從「司賓賤隸、候館小驛」都盛裝華服等記載來看，高氏荊南雖名為藩臣，而車服「僭侈逾制」的現象已是極為普遍，其不守法度、不守臣禮的情形可謂相當嚴重。更應注意的是，這已然是後周立國後的景象，值此之時，高氏荊南可能多少還有些收斂，而在此前中原王朝力量相對弱小的時期，此種現象或許更為突出。

其三，伶倫的豢養與教坊制度。高從誨在位時，即「廣招伶倫」〔註40〕。隨後，伶官數量更有增多。至乾德元年（963）五月，高繼沖「籍伶官一百四十三人」獻於宋廷。〔註41〕高氏荊南政權中還置有為數不少的樂工，以其充實教坊。史載：「從誨明音律，僻好彈胡琴。有女妓數十，皆善其事。」〔註42〕後晉開運元年（944）七月，「晉學士王仁裕來聘，王出十伎彈琴以樂之」〔註43〕。另有史籍亦稱：

> 宋初循舊制，置教坊，凡四部。其後平荊南，得樂工三十二人；平西川，得一百三十九人；平江南，得十六人；平太原，得十九人；餘藩臣所貢者八十三人；又太宗藩邸有七十一人。由是，四方執藝之精者皆在籍中。〔註44〕

僅有三州之地的高氏荊南，在入宋之時，樂工竟有 32 人，其數量甚至超過入宋時的南唐與北漢，據此可知其教坊規模之大。

上述種種表現，明顯有逾藩臣之禮，反映出高氏荊南已然突破藩鎮體制的框架，絕非一般藩鎮可比，就是唐末割據性極強的藩鎮，除極個別外，亦不可能一一達到此般地步。而高氏荊南在外交、戰爭上所具有的自主權，更是大大超出於唐末割據藩鎮之上。所有這些，莫不與其王國體制有著內在的聯繫，顯現出的是向王國體制演化的趨勢。但是，高氏荊南的王國體制亦就此止步，而且從未公然走向前臺，始終處於若隱若現的狀態。就此而論，高氏荊南的王國體制與馬楚、吳越的情形，既有不同點，亦有相同之處。

〔註39〕《宋史》卷 263《竇儼傳》，第 9097 頁。

〔註40〕《詩話總龜·前集》卷 22《宴遊門》，第 239 頁。

〔註41〕《續資治通鑑長編》卷 4，乾德元年五月甲子，第 91 頁。

〔註42〕《詩話總龜·前集》卷 22《宴遊門》，第 239 頁。

〔註43〕《十國春秋》卷 101《荊南二·文獻王世家》，第 1443 頁。

〔註44〕《宋史》卷 142《樂志十七·教坊》，第 3347～3348 頁。

楚政權的開創者馬殷於後梁太祖開平四年（910）六月，「求為天策上將，詔加天策上將軍」〔註45〕，且被允許在管內置武平、靜江等節度使。馬殷遂「署置天官幕府，有文苑學士之號，知詔令之名，總制二十餘州，自署官吏，徵賦不貢」〔註46〕。後唐明宗天成二年（927）六月，馬殷被封為楚國王，乃建國，立宮殿，置百官，皆如天子。馬殷死後，其子馬希聲繼位，「稱遺命去建國之制，復藩鎮之舊」〔註47〕，且終生未被冊封為王，其後繼諸馬亦僅有「楚王」封號，再無被封為「楚國王」者。「楚王」與「楚國王」相比，僅差一字，但兩者之間的政治意義卻迥然有別。擁有「楚國王」封號，則馬楚的王國體制便可順理成章地建立與實施；僅有「楚王」之冊封，即無「建國之制」，惟能推行藩鎮舊法，以藩鎮體制為政權組織形式。如以「楚王」之封號，而行「建國之制」，實則有逾藩臣之禮，亦不可能奉中朝正朔。一旦如此，馬楚依憑中朝制約吳、南唐而確保自身的政治圖謀，自然無法實現。而且，還應注意到，馬楚「去建國之制」並非中朝強迫所致，實際上是出於維護自身安全為目的的自願選擇。

與馬楚類似，吳越錢鏐於後梁末帝龍德三年（923）被封為吳越國王，並且，「始建國，儀衛名稱多如天子之制，謂所居曰宮殿，府署曰朝廷，教令下統內曰制敕，將吏皆稱臣，惟不改元，表疏稱吳越國而不言軍」〔註48〕，其後甚至有改元之舉。〔註49〕但錢鏐臨終前，囑其子傳瓘：「子孫善事中國，勿以易姓廢事大之禮。」所以，錢傳瓘襲位後，「更名元瓘，兄弟名『傳』者皆更為『元』。以遺命去國儀，用藩鎮法」〔註50〕，仍然回復到藩鎮之法的老路上來。之所以吳越寧願自覺捨棄「國儀」，而屈紆降尊為藩鎮，其間原因亦在於，冀望以稱臣中朝求得「護身符」，使吳、南唐投鼠忌器，不敢貿然出師吳越，以求得政權的穩定與延續。

考察馬楚與吳越統治體制的演變軌跡，可知兩國都曾經歷「藩鎮—王國—藩鎮」的過程，而兩者均從王國體制倒退到藩鎮體制，其實又都是在巨大的生存壓力下，迫於無奈的政治抉擇，但這並不意味著其王國體制果真銷聲

〔註45〕《資治通鑒》卷267，後梁太祖開平四年六月，第8724頁。
〔註46〕《舊五代史》卷133《馬殷傳》，第1757頁。
〔註47〕《資治通鑒》卷277，後唐明宗長興元年十一月丙戌，第9052頁。
〔註48〕《資治通鑒》卷272，後唐莊宗同光元年二月，第8880頁。
〔註49〕《新五代史》卷71《十國世家年譜》，第873頁。
〔註50〕《資治通鑒》卷277，後唐明宗長興三年三月，第9066頁。

匿跡，實際上只是改頭換面以更為隱秘的方式而附著在藩鎮體制上而已。

結合馬楚與吳越統治體制演變的過程來看，對於其時的弱小政權而言，以藩鎮體制示人，而實行奉事中朝之策，可謂是自保一方的共同政治取向。依此觀之，高氏荊南與馬楚、吳越並無不同。不同之處則在於，高氏荊南的王國體制始終處於隱性狀態，而且從未成為單一的政權組織形式，馬楚、吳越畢竟均在一定時期內實施過王國體制，其王國體制較之高氏荊南當然有過之而無不及。

三、二元政治體制的優劣

高氏荊南兼具藩鎮體制與王國體制，前者居於主導地位，後者從屬於前者，由此形成並非十分均衡、對等的二元政治體制。這種雙軌制的政治架構，是高氏荊南基於現實需要、針對客觀實際而採取的應對之道，兩者在高氏荊南的歷史發展進程中，所發揮的作用各有其利弊短長。

先來看藩鎮體制的優劣。

藩鎮體制的最大優長之處可集中歸結為一點，即憑藉藩鎮身份稱臣於中朝，或者吳、南唐，從而利用兩者之間的牽制關係，為自身營造一個相對安全的外部環境。中朝或者吳、南唐，一旦接受高氏荊南的臣屬，從理論上來說，有義務在高氏荊南遭受攻擊時，出兵援助。關於此點，亦有具體解說見諸史載。後唐明宗天成二年（927）五月，時為楊吳權臣的徐溫，曾對高季興請求稱臣於吳的舉動，發表如下見解：

> 為國者當務實效而去虛名。高氏事唐久矣，洛陽去江陵不遠，唐人步騎襲之甚易，我以舟師泝流救之甚難。夫臣人而弗能救，使之危亡，能無愧乎！〔註51〕

其時，正值後唐出師進擊高氏荊南之際，高季興希望通過依附於吳而獲得吳軍的應援，不料徐溫從「自保其國，不務遠略」的目的出發，「乃受其貢物，辭其稱臣，聽其自附於唐」〔註52〕。但徐溫所言，已明確點出正朔國在臣屬國遭遇外來侵略時，肩負出師援助的義務，此點恰恰是臣服之國所追求的實質性內容。

不過，對於臣屬國而言，稱臣也未見得一定就能在鄰國入寇時得到正朔

〔註51〕《資治通鑒》卷275，後唐明宗天成二年五月，第9005頁。
〔註52〕《資治通鑒》卷275，後唐明宗天成二年五月及胡三省注，第9005～9006頁。

國軍隊的襄助。如高氏荊南於天成三年（928）六月，改奉吳正朔，當時後唐討伐荊南之師仍未撤回，一直到要到天成四年（929）六月，〔註53〕明宗才應允高從誨「乞修職貢」，同年七月，遂有罷荊南招討使之舉。其間，不見楊吳出兵援救荊南的行動。

實際上，能否在邊境告急之時切實得到正朔國的援助，並非臣屬國一廂情願的事，此與正朔國特定時期的政治、軍事局勢大有關係。如後漢乾祐年間（948～950），馬希萼與馬希廣兄弟爭權，前者奉南唐正朔，後者臣屬於後漢，而在馬希萼攻打馬希廣時，後漢未派一兵一卒，希萼成為馬楚新主。〔註54〕其時，後漢政局不寧，契丹入寇，自救尚有不及，何能他顧？此例表明，稱臣的政治寓意未必一定會與實際的軍事援助產生直接的關聯，願望與現實的不同步、不一致，甚至背離，誠為習見現象，稱臣的政治寓意及其所能產生的客觀效果間，也莫不如是。

如此來看，稱臣行為往往具有政治象徵意義，有時與實際的軍事援助無涉。即便如此，其作用仍不可低估，否則就很難解釋馬楚與吳越何以亦會成為奉中朝正朔的政權，割據福建的閩政權在王審知統治時期同樣如此。南唐烈祖李昇曾就是否吞併吳越的問題，闡述過如下看法：「錢氏父子，動以奉事中國為辭，卒然犯之，其名不祥。」甚至會「享天下之惡名」，此乃「我不願也」〔註55〕。據此不難看出，五代十國時期，中原政權具有的正統性及其號召力，其他割據勢力確實難以比肩，而這種名義上無與倫比的合法性，恰恰是吸引吳越、馬楚與王閩政權稱臣納貢於中朝的核心。也正是由於吳越長期以奉事中朝為旗號，故而南唐在貿然加兵於吳越的問題上，始終心存顧忌。與吳、南唐相鄰的閩、楚，之所以也奉行事大政策，其要害也正在於此。馬殷之弟馬賨自淮南遣歸後，曾勸馬殷與楊行密結好，馬殷斷然作色曰：「楊王不事天子，一旦朝廷致討，罪將及吾。汝置此論，勿為吾禍！」〔註56〕此語將奉事中朝的意義，說得再明白不過。

具體就高氏荊南政權而言，雖說其曾兩絕於中朝，但為時都不是太長，在享國50餘年的歷程中，該政權絕大部分時間都臣屬於中原王朝，其所傾心

〔註53〕《舊五代史》卷40《唐明宗紀六》，第551頁。
〔註54〕《資治通鑑》卷289，後漢隱帝乾祐三年十二月，第9444～9446頁。
〔註55〕（宋）史溫：《釣磯立談》，五代史書彙編本，第9冊，杭州出版社點校本2004年版，第5011頁。
〔註56〕《資治通鑑》卷265，唐昭宗天祐元年十二月，第8638頁。

的也是這種看似虛有其表，卻又不乏實際內涵的政治象徵意蘊，藉此以起到震懾其他相鄰政權的作用，使之不敢率意陳兵於疆場，從而緩解邊境壓力。

然而，藩鎮的政治體制亦有弊端。與藩鎮體制相對應的即是臣屬國的政治地位，高氏荊南自始至終都以藩鎮面貌示人，或奉事中朝，或依附於吳、南唐，這種政治上的屈從性格，可謂是高氏荊南與生俱來的政治稟性。此點帶來的負面影響，突出表現為內政上的無法完全自治，和外交上的不平等。

高氏荊南自治權的缺陷，尤為集中地體現於不具備獨立的人事權上。高氏荊南文武將佐的任用，沿用的是唐代藩鎮的辟署制，繞不開奏請正朔國中央有關部門的環節。而且，轄境內州刺史的任命，高氏荊南亦須上報中央朝廷批准。如後唐明宗天成（926～929）初年，高季興在獲得夔、忠、萬、歸、峽等五州之後，令子弟權知郡事，請求後唐不除刺史。〔註57〕再如，高從誨改奉中朝正朔後，於長興元年（930）正月上奏，「峽州刺史高季雍、歸州刺史孫文乞且依舊任」〔註58〕。此類奏請大多猶如過場，但也並非盡然，例如前者，即未獲後唐朝廷許可。這種人事權的缺失，一定程度上有礙於高氏荊南對轄境實施完全自治，其獨立性較之於稱帝的政權，至少在形式上明顯有所不及。

由藩鎮體制而帶來的外交上的不平等，則體現為高氏荊南在其時總體外交格局中地位的低下，特別是在與吳、南唐、前後蜀、南漢等政權交往時，往往無法採用平等的敵國之禮，只能以藩臣的身份屈節而事之。以與南唐的交往為例，即可表明此點。吳天祚三年（937）十月，權臣徐知誥篡位，建立南唐，改元升元，是為烈祖李昪。當年十一月，高從誨即表請置邸建康，此請得允。〔註59〕所謂置邸，是指設立進奏院，是藩鎮表示自身隸屬關係的政治舉措。照理而言，高氏荊南已奉後晉正朔，不當貳屬於南唐。但迫於南唐對其東部邊境的軍事壓力，與之結盟確有緩和雙方對峙狀態的可能，特別是在烈祖登基，需抬高南唐在鄰國中的政治聲望之時，高氏荊南不失時機地表明臣屬意願的舉動，尤為適合時宜，其結果不出所料。然而，這種結盟並非兩國間平等交往的產物，而是以高氏荊南的臣屬為前提締結的同盟關係。高氏

〔註57〕《舊五代史》卷133《高季興傳》，第1752頁。

〔註58〕《冊府元龜》卷178《帝王部‧姑息三》，第2143頁。

〔註59〕（宋）陸游：《南唐書》卷1《烈祖本紀》，五代史書彙編本，第9冊，杭州出版社點校本2004年版，第5465頁。

荊南此前稱臣於吳，亦當是如此。正因為高氏荊南在與大國交往時，屢屢有稱臣行為，所以，誠如胡省所言：「高從誨以區區三州介居唐、吳、蜀之間，利其賞賜，所向稱臣，諸國謂之『高賴子』，其有以也夫。」〔註60〕「高賴子」之得名，與外交上的這種稱臣行為，大有淵源。基於此，高氏荊南在與鄰國交往時，難免會遭歧視，所謂「諸國賤之」〔註61〕，反映的其實就是高氏荊南在其時外交舞臺上的低下地位。

再來看王國體制的利與弊。

高氏荊南的王國體制並不明顯，是藩鎮體制的附屬物。其優點的集中表現是，有利於增強該政權的獨立性。其內政外交的處理，儘管受制於藩鎮體制，但絕大多數時候，高氏荊南的統治意志仍能暢行無阻。其人事任命，固然有無可避免的上奏手續，但其人選皆非正朔國從境外委任而至，包括節度副使、兩使判官和軍事判官等要職，無一不是高氏荊南先有主張，再以表請的方式經朝廷認可，雖然必須拘於形式，可是較之於五代王朝轄境內的藩鎮已有較大差別。更不用說，中原王朝或吳、南唐從未派駐監軍使至高氏荊南，監督和干涉其政務了。在外交上，如前文所述，高氏荊南也有同時奉兩國正朔的情況出現，勿庸說其時的一般藩鎮不可能做到此點，這種現象在南方割據政權中也是絕無僅有的。

並且，在對外戰爭上，高氏荊南的軍事行動基本上也不受正朔國的控制，甚至常常採取針對正朔國的軍事行為。如早在後梁太祖乾化二年（912）十二月，高季昌就曾以助梁伐晉為藉口，攻擊襄州。〔註62〕後漢初年，高從誨亦有進攻襄州和郢州之舉。〔註63〕五代十國時期，強藩發動叛亂對抗中原王朝的事例，固然為數不少，但像高氏荊南這樣能屢屢與中原王朝抗衡，卻依然能夠自立一方者，亦僅此而已。

諸如此類，皆非唐末至五代所謂的強藩所能實現者，由此亦可斷言，高氏荊南已遠非強藩可比，其權力運作的空間不僅更大，而且一度呈現出膨脹之勢；其在轄境內統治意志的貫徹與執行，外部勢力無法染指；其對外用兵，體現的是本國的戰略意圖與動機。凡此種種，都是其獨立性超越於藩鎮的明

〔註60〕《資治通鑑》卷280，後晉高祖天福元年四月胡三省注，第9141頁。
〔註61〕《資治通鑑》卷287，後漢高祖天福十二年八月，第9376頁。
〔註62〕《資治通鑑》卷268，後梁太祖乾化二年十二月，第8764頁。
〔註63〕《資治通鑑》卷287，後漢高祖天福十二年八月，第9375頁。

證，而其根源則在於王國體制的存在。

反過來看，因王國體制而產生的獨立性，又往往使高氏荊南深陷困境，為大國打擊高氏荊南提供口實，而這正是王國體制的弊端。畢竟高氏荊南在政治上始終是臣屬國，藩鎮體制才是其本色，而王國體制有違藩鎮本份，不合道義原則，並無存在的理由與根據。天成二年（927），後唐曾舉兵進攻高氏荊南，其間的重要原因之一，即是高氏荊南抵制後唐除授夔州刺史，並趁原刺史罷官之機，襲據州城。〔註64〕如此舉動，顯然有悖藩臣之禮，是為「不臣之狀」〔註65〕，由此而引來後唐討伐，可謂是咎由自取，而這也恰恰是高氏荊南王國體制所招致的負面影響。事實上，針對臣屬國王國體制的種種不軌現象，五代王朝無不有意予以扼殺。尤其是中原王朝日益強大之際，這種王國體制的成分亦隨之相應減少。前引竇儼出使高氏荊南的例子，已可表明此點。所謂「天子在上，諸侯當各守法度」，在令高氏荊南盡去「僭侈逾制」的車服之後，竇儼方才「宣達君命」〔註66〕。

所以說，高氏荊南的藩鎮體制與王國體制各有優長，亦各有弊病，兩者相輔相成，究其實是一種互補性關係。惟有藩鎮體制，高氏荊南無法成為一個獨立性的割據政權，王國體制的存在，正可補其不足，凸現出獨立性；王國體制於理不容，故易招致兵戎相加，此時藩鎮體制又派上用場，稱臣求和，化干戈為玉帛。就此而論，兩種體制又極具兼容性，相得益彰，同為高氏荊南的生存之道，兩者不可偏廢，只不過藩鎮體制始終佔據主導地位，而王國體制居於邊緣地位，一直是藩鎮體制的附庸。

四、結語

以上就高氏荊南的二元政治體制中的藩鎮體制與王國體制，及其在實際運作中的優劣，大致進行了一番梳理和勾劃。結合文中所述，不難窺知，高氏荊南所建構的這種雙軌制的政治設計，對於該政權在「寰縣分裂，莫之能一」〔註67〕、干戈交加的動盪局勢下，獨立存在於自古即被視為兵家重地的以荊州為龍頭的長江中游地區，並享國50餘年，所發揮的積極作用的確不容小視。清代史家吳任臣嘗言：「蕞爾荊州，地當四戰，成、趙相繼，亡不旋踵，

〔註64〕 《資治通鑒》卷275，後唐明宗天成二年二月，第9002頁。
〔註65〕 《舊五代史》卷133《高季興傳》，第1752頁。
〔註66〕 《宋史》卷263《竇儼傳》，第9097頁。
〔註67〕 《宋史》卷85《地理志一》，第2093頁。

武信以一方而抗衡諸國間,或和或戰,戲中原於股掌之上,其亦深講於縱橫之術也哉!」〔註68〕而這種縱橫捭闔策略的運用,若非依託於藩鎮體制與王國體制兼容的政權組織形式,勢必形同無水之源、無本之木,或可行之於一時,奏短期之效,絕無可能收長期之功。至於這種雙軌制的政治架構,為何難以長久地維繫高氏荊南的國運,仍然使該政權滅亡於宋初的統一大潮中,則是又一問題,不在本題探討範圍之列。

〔註68〕《十國春秋》卷 100《荊南一・武信王世家》「論曰」,第 1438 頁。

高氏荊南藩鎮使府幕職、僚佐考

　　後梁開平元年（907），高季昌被擢為荊南節度使，高氏正式據有荊南，其後荊南逐漸由方鎮演變為獨擅一方的地域性割據政權，並被後世史家目為南方九國之一。但高氏荊南在其 50 餘年的發展歷程中，因受制於其時特定的政治、軍事環境，從未稱帝，而一直以藩鎮自居，故其政權組織形式脫胎於唐末以來的藩鎮體制，兩者形式上高度一致。關於高氏荊南藩鎮使府幕職、僚佐的有關記載零星散見於各種史籍，迄今為止尚無人進行系統梳理，此種情形有礙於人們客觀解讀、評判高氏荊南政權的藩鎮體制。茲據相關文獻，補苴罅缺，略為鉤沉，俾明其實。

一、高氏荊南藩鎮使府的構成

　　依唐代藩鎮慣例，在節度使身兼的各種使職當中，觀察使是最基本、最普遍的使銜，掌督察州縣，係地方一級行政長官。若是軍事重鎮，則以節度使兼領，無節度者例加都防禦使或都團練使，以負責軍政。故唐後期 40 餘個藩鎮，無不帶觀察使，而帶節度使者則不多。〔註1〕正因為節度使職掌軍事，對唐末五代十國時期志在獨擅一方的割據勢力而言，其意義遠非其他使銜可比。另外，藩鎮一般還要兼支度、營田、招討、經略、按撫等使職。

　　並且，藩鎮體制至唐末業已形成由幕職官系統、牙軍系統和外鎮軍系統構成的體系。就權力運作的角度而言，藩鎮使府的幕職官系統是藩鎮開展各項政務的核心機制。幕職官包括文職和武職兩個部分。節度使府的主要文職

〔註1〕張國剛：《唐代藩鎮研究》，湖南教育出版社 1987 年版，第 181 頁。

有副使、行軍司馬、判官、掌書記、參謀、推官、衙推等。觀察使府的主要文職有副使、支使、判官、掌書記、推官、巡官、衙推、隨軍、要籍、進奏官等。〔註2〕不過，觀察使兼節度使時，觀察使下無副使，故史籍有云：節度使「兼觀察使，又有判官」〔註3〕。而不言副使。並且，藩鎮幕府中還有不少武職，如都知兵馬使、兵馬使、都虞候、虞候、都押衙、押衙、都教練使、教練使、都指揮使、指揮使等，這些人員主要出自行伍，是藩鎮節帥駕馭其麾下軍隊所倚重的軍事指揮骨幹。

高氏荊南政權自始至終保留藩鎮體制，故高氏五主最基本的使職皆為「節度使」〔註4〕。高氏荊南節院的設置，亦為例證。節院，其長官稱為節院使，亦稱「掌節吏」「節院將」。這是唐五代藩鎮旌節制度的保留，亦是節度使獲賜權力的重要標誌。依照唐代舊制，節度使所持旌節至鎮後，藏於節院，由節院使看護；節度使離任，則閉鎖節院，不時祭奠，以盡禮節。節院使一般由押衙、都頭兼任。〔註5〕高氏荊南節院使，見於記載者，有「掌節吏嚴光楚」「節院將嚴光楚」〔註6〕，又有「節院使保寅」〔註7〕。

高氏五主既以節度使為基本使職，亦依舊例仍兼觀察使。史載：高季昌始任荊南留後，「及梁祖禪代，正拜江陵尹，兼管內節度觀察處置等使」〔註8〕。又如，後唐長興元年（930）十二月，明宗製詞亦說：

〔註2〕《唐代藩鎮研究》，第 182 頁。
〔註3〕（宋）歐陽修、宋祁：《新唐書》卷 49 下《百官志四下‧外官》，中華書局點校本 1975 年版，第 1309 頁。
〔註4〕關於高氏五主任荊南節度使的情況，史籍有明確記載。高季興，後梁開平元年（907）五月拜節度使，見（清）吳任臣：《十國春秋》卷 100《荊南一‧武信王世家》，中華書局點校本 1984 年版，第 1428 頁；高從誨，後唐天成四年（929）七月充節度使，見（宋）薛居正等：《舊五代史》卷 40《唐明宗紀六》，中華書局點校本 1976 年版，第 552 頁；高保融，後漢隱帝乾祐元年（948）十二月授節度使，見《舊五代史》卷 103《漢隱帝紀上》，第 1352 頁；高保勗，宋建隆二年（961）九月拜節度使，見（宋）李燾：《續資治通鑑長編》卷 2，建隆二年九月，中華書局點校本 2004 年版，第 53 頁；高繼沖，乾德元年（963）九月除節度使，見《續資治通鑑長編》卷 4，乾德元年正月，第 82 頁。
〔註5〕馮培紅：《唐五代歸義軍節院與節院使略考》，《敦煌學輯刊》2000 年第 1 期。
〔註6〕（清）繆荃孫輯：《北夢瑣言逸文》卷 3《孫光憲異夢》，載（宋）孫光憲：《北夢瑣言》，中華書局點校本 2002 年版，第 413 頁。
〔註7〕（元）脫脫等：《宋史》卷 483《荊南高氏世家》，中華書局點校本 1985 年版，第 13954 頁。
〔註8〕（宋）周羽翀：《三楚新錄》卷 3，五代史書彙編本，第 10 冊，杭州出版社點校本 2004 年版，第 6327 頁。

　　荊南節度使高從誨亡父，扶天輔國翊佐功臣、荊南節度、歸
峽等州觀察處置等使、開府儀同三司、簡較〔檢校〕太尉、尚書
令、江陵尹、上柱國、南平王、食邑八千戶、食實封五百戶高季
興，可贈太尉。〔註9〕

上述製詞在追述高季興生前官爵時，即提到「歸峽等州觀察處置等使」，此
為季興在世時曾兼觀察使一職的明證。並且，季興時亦曾辟署李載仁為觀
察推官，〔註10〕此亦可證季興確兼觀察使。其後高保融亦曾被授此職，如
後漢初年，高保融繼位之初，曾被授「荊歸峽觀察使」〔註11〕；後周顯德元
年（954）正月，仍兼荊歸峽觀察使。〔註12〕儘管高從誨等三主兼觀察使的
記載，迄今未見，但由節度使必兼觀察使的唐後期舊制來看，高氏五主應當
均領此銜。

　　正因為高氏五主皆以節度使兼觀察使，故其藩鎮使府格局即由節度使
府和觀察使府共同構成，與唐後期強藩大鎮的使府模式並無二致。藩鎮使
府除最高軍事、行政首腦即節度使、觀度使外，各使之下尚有副使、判官、
巡官等一批幕僚，亦即兩使幕職。因此，所謂藩鎮幕府，實際上是上述各種
使職全部幕員的混合，以此構成一支可觀的官僚隊伍。〔註13〕其中，兩使
幕僚又是藩鎮幕府的主體。兩使幕職中，除一些彼此並不相同的幕職極易
區分外，由於觀察使與節度使往往兩使合一，又因為節度使府與觀察使府
僚佐多有同名者，而史載中常常並未明確標識其所屬關係，故很難辨清其
所屬使府系統。因此，下文中仍以節度使府的幕職為主要敘述對象，對於觀
察使府幕職不再進行單獨探討，其中，史載明確顯示為觀察使府僚佐者，則
予以特別指出。

　　仍有必要予以說明的是，前述唐代藩鎮使府中的文職和武職，並非皆見
於高氏荊南的藩鎮幕府中，以下僅就史料所載，分文職與武職兩個系列分別
予以說明。

〔註9〕　（宋）王欽若等：《冊府元龜》卷 178《帝王部·姑息三》，中華書局影印本
　　　　 1960 年版，第 2143 頁。
〔註10〕　《三楚新錄》卷 3，第 6328 頁。
〔註11〕　《宋史》卷 483《荊南高氏世家》，第 13952 頁。
〔註12〕　《冊府元龜》卷 129《帝王部·封建》，第 1557 頁。
〔註13〕　《唐代藩鎮研究》，第 182 頁。

二、藩鎮使府中的文職及僚佐

高氏荊南幕府中，主要由文人充任的幕職有節度副使、行軍司馬、判官、支使、掌書記、推官和孔目官七種，其職掌與有關任職情況如下。

節度副使 即節度使副貳，是節度使的首要僚佐，所謂「有副使一人，副貳使」〔註14〕。佐節度使總攬全軍的政令。高使荊南節度副使的任職詳情，見表1。

表1 高氏荊南節度副使一覽表

任職者	史載原文	史料出處
高保融	從誨時，為節度副使，兼峽州刺史。	《新五代史》卷 69《南平世家》，第 859 頁。〔註15〕
高保勗	（後）周廣順元年，加檢校太傅，充荊南節度副使。	《十國春秋》卷 101《荊南二·侍中保勗世家》，第 1450 頁。〔註16〕
高繼沖	（後）周顯德六年，以蔭授檢校司空，領荊南節度副使。	《十國春秋》卷 101《荊南二·侍中繼沖世家》，第 1451 頁。〔註17〕

另，高從誨並未擔任節度副使一職，〔註18〕季興在位時此職或許長期空

〔註14〕 （唐）杜佑：《通典》卷 32《職官十四·州郡上》，中華書局點校本 1988 年版，第 895 頁。

〔註15〕 《舊五代史》卷 103《漢隱帝紀上》載：後漢高祖乾祐元年（948）十二月，「荊南節度副使、檢校太傅、行峽州刺史高保融起復，授荊南節度使、檢校太尉、同平章事、渤海郡侯」。第 1352 頁。另，（宋）司馬光：《資治通鑑》卷 288「後漢高祖乾祐元年十月」載：「荊南節度使、南平文獻王高從誨寢疾，以其子節度副使保融判內外兵馬事。」中華書局點校本 1956 年版，第 9401 頁。又，《十國春秋》卷 101《荊南二·貞懿王世家》亦載：「晉天福（936～944）中，制授檢校司空、判內外諸軍，俄遷荊南節度副使。開運（944～946）末，領峽州刺史。累加至檢校太傅。」第 1446 頁。

〔註16〕 《舊五代史》卷 114《周世宗紀一》載：顯德元年（954）十一月，「以荊南節度副使、歸州刺史高保勗為寧江軍節度使、檢校太尉，充荊南節度行軍司馬。」第 1522 頁。

〔註17〕 《續資治通鑑長編》卷 4「乾德元年正月」載：「以荊南節度副使、權知軍府事高繼沖為荊南節度使。」第 82 頁。又，《十國春秋》卷 101《荊南二·貞懿王世家》載：顯德六年（959），「是歲，王奏授長子繼沖為荊南節度副使。」第 1449 頁。

〔註18〕 《冊府元龜》卷 178《帝王部·姑息三》載：天成四年（929）七月，「荊南節度行軍司馬高從誨遣都押衙劉謙巳進贖罪銀二千兩」。第 2142 頁。另，

缺。另有說法認為，孫光憲曾擔任荊南節度副使。孫光憲《白蓮集序》題為「荊南節度副使、試御史中丞」，末署「天福三年戊戌三月一日序」〔註19〕。而從上述表1所列舉情況來看，此職全由高氏子弟充任，連高從誨亦未出任此職，孫光憲似無可能官至荊南節度副使，其說當誤，故不取。

　　行軍司馬　又稱「節度行軍司馬」。「行軍司馬一人，申習法令。」〔註20〕即掌軍籍符伍，號令印信，是最重要的軍事行政官員，此職最為節帥看重，其實權有時在節度副使之上。後唐明宗天成四年（929）六月的敕令即稱：「諸道節度行軍司馬，名位雖高，或帥臣不在，其軍州事節度副使權知。」〔註21〕可知，此前即有以行軍司馬權知軍州事的先例，其權已超越節度副使。此次敕令之後，行軍司馬重回節度副使之後，漸成制度。作為將軍文職僚佐的行軍司馬係從起初武職演變而來，〔註22〕其所理雖為軍務，而其職卻是文職，大多以有學識者充任。其地位與副使相侔，又略低於副使。〔註23〕不過，在高氏荊南幕府中，亦有以武人充任此職者。高氏荊南行軍司馬的任

　　（宋）歐陽修：《新五代史》69《南平世家》載：「從誨字遵聖。季興時，入梁為供奉官，累遷鞍轡庫使，賜告歸寧，季興遂留為馬步軍都指揮使、行軍司馬。」中華書局點校本1974年版，第858頁。又，《資治通鑑》卷276「後唐明宗天成三年十二月」載：「荊南節度使高季興寢疾，命其子行軍司馬、忠義節度使、同平章事從誨權知軍府事；丙辰，季興卒。吳主以從誨為荊南節度使兼侍中。」第9025～9026頁。又，同書卷276「後唐明宗天成四年六月」載：「高從誨自稱前荊南行軍司馬、歸州刺史，上表求內附。秋，七月，甲申，以從誨為荊南節度使兼侍中。己丑，罷荊南招討使。」第9030頁。又，《十國春秋》卷100《荊南一·武信王世家》亦稱：後唐莊宗同光三年（925）九月，後唐伐蜀時，季興被莊宗任以西川東南面行營招討使，「至是，乘唐兵勢，使其子行軍司馬從誨權軍府事」。第1433頁。據此可知，高從誨乃由行軍司馬一職直接升為節度使，並未擔任節度副使一職，或許季興時，此職並未授人。

〔註19〕（清）董誥等編：《全唐文》卷900，（五代）孫光憲：《白蓮集序》，中華書局影印本1983年版，第9390～9391頁。《十國春秋》卷102《荊南三·孫光憲傳》亦稱：孫光憲「累官荊南節度副使、朝議郎、檢校秘書少監、試御史中丞，賜紫金魚袋」。第1463頁。

〔註20〕（唐）杜佑：《通典》卷32《職官十四·州郡上》，中華書局點校本1988年版，第895頁。

〔註21〕（宋）王溥：《五代會要》卷25《幕府》，上海古籍出版社點校本1978年版，第396頁。

〔註22〕《全唐文》卷430，（唐）李翰：《淮南節度行軍司馬廳壁記》，第4380頁。

〔註23〕石雲濤：《唐代幕府制度研究》，中國社會科學出版社2001年版，第94頁。

職情況，見表 2。

表 2　高氏荊南行軍司馬一覽表

任職者	史載原文	史料出處
王保義	及莊宗平河、洛，（劉）去非（即王保義）乃棄郡歸高季興，為行軍司馬，仍改易姓名。	《舊五代史》卷 133《高季興傳》，第 1754 頁。〔註24〕
高從誨	（天成四年七月），荊南節度行軍司馬高從誨遣都押衙劉謙已進贖罪銀。	《冊府元龜》卷 178《帝王部·姑息三》，第 2142 頁。〔註25〕
高保勖	（顯德元年十一月），以荊南節度副使、歸州刺史高保勖為寧江軍節度使、檢校太尉，充荊南節度行軍司馬。	《舊五代史》卷 114《周世宗紀一》，第 1522 頁。〔註26〕

史籍所見，任高氏荊南行軍司馬且確能考知者，惟上述 4 人。其中，王保義為武將（詳後）。高從誨、高保勖均為高氏子弟。照此來看，或因其職權任甚重，高氏荊南在王保義之後，或未再署外人，僅以高氏子弟充任。另有記載稱，高季昌在後梁期間，常常「以貴公子任行軍司馬」，但中朝士族子弟不達時變，被後唐除官後，即「匆匆辦裝，即俟歸朝，視行軍蔑如也」〔註27〕。惟其姓名已不可考，暫付之闕如。

〔註24〕《舊五代史》卷 76《晉高祖紀二》載：天福二年（937）六月，「攝荊南節度行軍司馬、檢校太保、歸州刺史王保義加檢校太傅，知武泰軍節度觀察留後，充荊南行軍司馬兼沿淮巡檢使」。第 1003 頁。《資治通鑑》卷 282「後晉高祖天福六年四月」載：安從進謀反，「求援於荊南，高從誨遣從進書，諭以禍福；從進怒，反誣奏從誨。荊南行軍司馬王保義勸從誨具奏其狀，且請發兵助朝廷討之；從誨從之」。第 9222 頁。《舊五代史》卷 102《漢隱帝紀中》載：乾祐二年（949）四月，「以荊南節度行軍司馬、武泰軍節度留後王保義為檢校太尉，領武泰軍節度使，行軍如故」。第 1357 頁。按，據前引可知，王保義任行軍司馬時間甚長，始任時間當在後唐莊宗同光元年（923），直至後漢隱帝乾祐二年（949）四月仍領此職，長達 27 年。另，《北夢瑣言逸文》卷 3《孫光憲異夢》有「光憲請行軍司馬王甲判之」一語，「王甲」恐即為「王保義」。第 413 頁。

〔註25〕另見《新五代史》卷 69《南平世家》，「劉謙已」作「劉知謙」，第 858 頁。又，《資治通鑑》卷 276，後唐明宗天成四年六月，第 9030 頁；《十國春秋》卷 101《荊南二·文獻王世家》，第 1439 頁。

〔註26〕《續資治通鑑長編》卷 1「建隆元年八月」載：保融寢疾，「以其子繼元幼弱，未堪承嗣，命其弟行軍司馬保勖總判內外軍馬事」。第 22 頁。

〔註27〕《北夢瑣言逸文》卷 2《薛韋輕高氏》，第 410～411 頁。

　　判官　節度使僚佐中，「判官二人，分判倉、兵、騎、冑四曹事」〔註28〕，是副使和行軍司馬之下掌具體府務者，係佐戎務之職，所謂「分判軍事」。其後，藩帥往往盡委錢穀支計於判官。〔註29〕胡三省嘗云：「唐諸使之屬，判官位次副使，盡總府事。」〔註30〕這是就節度使府的情況而言，因觀察使府無副使和行軍司馬，故以判官盡總府事。〔註31〕高氏荊南幕府中，任判官一職者僅見孫光憲1人。史載：宋太祖乾德元年（963）二月，「高繼沖自以年幼，未知民事，刑政、賦役委節度判官孫光憲」〔註32〕。在此之前，是否還有任職者，難於知曉。

　　支使　惟見於觀察使府，節度使府無支使。支使的職能雖不甚清晰，但並非專掌表箋書翰之任，而是偏重於政務。〔註33〕高氏荊南所設支使惟見兩例。一為孫光憲，如齊己曾作《夏滿日偶作寄孫支使》《孫支使來借詩集因有謝》等詩，〔註34〕可為其證。繼沖納土之後，曾遣「支使王崇範」〔註35〕上貢金銀財寶。可知，王崇範為高氏荊南觀察支使。

　　掌書記　節度使府僚佐中的「掌書記一人」〔註36〕，其職掌為「掌朝覲、聘慰、薦祭祀、祈祝之文，與號令、升絀之事」〔註37〕，常由有學識者充任，負責起草表奏書檄，凡文辭之事，均出於掌書記。史載：「軍中之書記，節度之喉舌。指事立言而上達，思中天心；發號出令以下行，期悅人意。諒非容易，而可專據。」〔註38〕史載又稱：「掌書記，位判官下，古記室參

〔註28〕　《通典》卷32《職官十四·州郡上》，第895頁。

〔註29〕　（後晉）劉昫等：《舊唐書》卷145《董晉傳》，中華書局點校本1975年版，第3937頁。

〔註30〕　《資治通鑑》卷216，唐玄宗天寶六載十二月胡三省注，第6888頁。

〔註31〕　《唐代幕府制度研究》，第94頁。

〔註32〕　《續資治通鑑長編》卷4，乾德元年二月，第84頁。又，（宋）陸游撰，蔣芳校注：《入蜀記校注》卷4亦云：「又有周顯德中荊南判官孫光憲為知歸州高從讓所立碑。」湖北人民出版社2004年版，第224頁。

〔註33〕　《唐代幕府制度研究》，第211～213頁。

〔註34〕　（五代）齊己：《白蓮集》卷4、卷6，四部叢刊初編本，第191冊，上海書店影印本1989年版。

〔註35〕　《宋史》卷483《荊南高氏世家》，第13954頁。《十國春秋》卷103《荊南四·王崇範傳》載：「王崇範，事繼沖為支使」。第1468頁。

〔註36〕　《通典》卷32《職官十四·州郡上》，第895頁。

〔註37〕　《資治通鑑》卷260，唐昭宗乾寧二年十二月胡三省注，第8480～8481頁。

〔註38〕　《全唐文》卷543，（唐）令狐楚：《薦齊孝若書》，第5506頁。

軍之任。」〔註39〕有學者指出，節度府與觀察府分別置掌書記和支使，不僅不並置，而且也不互置。〔註40〕高氏荊南時期，任掌書記者有李載仁、孫光憲、高保寅3人，見表3。

表3　高氏荊南掌書記一覽表

任職者	史載原文	史料出處
李載仁	明年，保最（「保勖」係「從誨」之誤）嗣襲，辟李為掌記。	《北夢瑣言逸文》卷 2《薛韋輕高氏》，第 411 頁。〔註41〕
孫光憲	（天成元年四月），梁震薦前陵州判官貴平孫光憲於季興，使掌書記。	《資治通鑒》卷 275，第 8979 頁。〔註42〕
高保寅	宋興，保勖既襲封，遣保寅入覲，太祖召對便殿，授掌書記遣還。	《宋史》卷 483《高保寅傳》，第 13955 頁。〔註43〕

上述3人中，高保寅於宋太祖建隆二年（961）九月入覲時，被授以掌書記之職，則光憲已不復再任，或於此時即為判官。

推官　節度使府僚佐中還有推官一人。〔註44〕其職掌為理軍訟，即推勾獄訟。而觀察使推官則理民訟，使主職掌性質上的差異，是推官職責不同的根源。高氏荊南所署推官，見表4。

〔註39〕《資治通鑒》卷 216，唐玄宗天寶十載二月胡三省注，中華書局點校本 1956年版，第 6905 頁。

〔註40〕《唐代幕府制度研究》，第 212 頁。

〔註41〕（宋）李昉等：《太平廣記》卷 266《韋薛輕高氏》同此，中華書局斷句本 1961年版，第 2088 頁。

〔註42〕《十國春秋》卷 100《荊南一·武信王世家》與此同，第 1434 頁。按，《三楚新錄》卷 3，第 6328 頁；（宋）晁公武撰，孫猛校證：《郡齋讀書志校證》卷 18《別集類中》，上海古籍出版社 1990 年版，第 943 頁；《宋史》卷 483《孫光憲傳》，第 13956 頁。皆謂光憲始見於從誨時，均誤。另，《續資治通鑒長編》卷 2「建隆二年九月甲子」載有「記室孫光憲」，第 53 頁。可知孫光憲此時仍為掌書記。

〔註43〕按，《宋史》卷 1《太祖紀一》載：建隆二年（961）九月，「荊南節度使高保勖遣其弟保寅來朝」，第 10 頁。據此可知，保寅任掌書記即應在此時或稍後。另，《續資治通鑒長編》卷 4「乾德元年二月」載：「繼沖遣延嗣與其叔父掌書記保寅，奉牛酒來犒師，且覘師之所為。」第 85 頁。《宋史》卷 483《荊南高氏世家》載有「節院使保寅」，第 13954 頁。

〔註44〕《新唐書》卷 49 下《百官志四下·外官》，第 1309 頁。

表4　高氏荊南推官一覽表

任職者	史載原文	史料出處
李載仁	有李載仁者，唐室之後也。唐末避亂於江陵，季興署為觀察推官。	《三楚新錄》卷3，第6328頁。
王貞範	荊南推官王少監貞範。	《北夢瑣言逸文補遺》之《王氏女》，見《北夢瑣言》，第453頁。
王惠範	以門蔭為文學，累遷觀察推官。	《三楚新錄》卷3，第6329頁。

　　據上表可知，高氏荊南推官前後計有3人，其中李載仁、王惠範為觀察推官，王貞範僅言推官，不知是否亦為觀察推官。

　　孔目官　孔目，原指檔案目錄，後成為掌書記之吏員名稱。胡三省云：「孔目官，銜前吏職也，唐世始有此名；言凡使司之事，一孔一目，皆須經由其手也。」〔註45〕又曰：「諸鎮州皆有孔目官，以綜理眾事，吏職也。言一孔一目，皆所綜理也。」〔註46〕又稱：「唐藩鎮吏職，使院有孔目官，軍府事無細大皆經其手，言一孔一目，無不綜理也。」〔註47〕是節度使僚佐之中的親近之職，其職掌大都與財計出納有關。高氏荊南孔目官僅見2人，見表5。

表5　高氏荊南孔目官一覽表

任職者	史載原文	史料出處
王仁厚	（高季昌）召孔目官王仁厚謂曰………	《北夢瑣言逸文》卷2《高季昌推崇梁王》，第402頁。
嚴光楚〔註48〕	進士鄭起謁荊州節度高從誨，館於空宅。其夕，夢一人告訴曰：「孔目官嚴光楚無禮。」意甚不平。	《北夢瑣言逸文》卷3《鄭起空宅夢異》，第415頁。

　　從上述所列幕職的文職情況來看，高氏荊南幕府文職僚佐有節度副使、行軍司馬、判官、支使、掌書記、推官、孔目官七種，藩鎮幕職中其他文職均不見設置。

〔註45〕《資治通鑑》卷216，唐玄宗天寶十載二月胡三省注，第6905頁。
〔註46〕《資治通鑑》卷225，唐代宗大曆十三年十二月月胡三省注，第7254頁。
〔註47〕《資治通鑑》卷228，唐德宗建中四年十月胡三省注，第7357頁。
〔註48〕按，《北夢瑣言逸文》卷3《孫光憲異夢》又稱「掌節吏嚴光楚」「節院將嚴光楚」，第413頁。

三、藩鎮使府中的武職及僚佐

　　高氏荊南藩鎮使府中，主要由武人充任的幕職有都押衙與押衙、都指揮使、指揮使三種，其職掌與任職情況如下。

　　都押衙與押衙　押衙，武官名，亦作押牙。牙指牙旗，即軍中對立的兩旗，因其如虎牙之狀，故以牙旗為稱。押衙掌領儀仗侍衛。節度使屬官中有都押衙，除掌領侍衛儀仗之外，並稽察軍法之執行。五代沿置，後唐時石敬瑭留守北京，以心腹劉知遠、周瓖為都押衙，分典兵、財兩務。〔註49〕都押衙、押衙在高氏荊南幕職中的情形，見表6。

表6　高氏荊南都押衙、押衙一覽表

任職者	史載原文	史料出處
劉知謙	從誨亦遣押衙劉知謙奉表自歸，進贖罪銀三千兩。	《新五代史》卷69《南平世家》，第858頁。〔註50〕
孫仲文	（乾德元年二月，宋太祖）以右都押衙孫仲文為武勝軍節度副使。	《宋史》卷483《荊南高氏世家》，第13954頁。

　　都指揮使　五代時期的藩鎮都指揮使，種類繁多，涵義不一。首先，藩鎮中，權任僅次於節度使而掌管本道兵權、統率諸軍者，稱為馬步軍都指揮使和牙（通「衙」）內（馬步軍）都指揮使，前者亦稱內外軍都指揮使；後者之設置則源於唐代牙兵的出現，統領牙兵者即稱為牙內都指揮使，或牙內指揮使，此職多以節度使子弟為之。胡三省嘗云：「此都指揮使盡統諸將，非一都之指揮使。」〔註51〕即指馬步軍都指揮使與牙內都指揮使而言，兩者實際為同職異稱。〔註52〕其次，藩鎮中因兵種的差異，常有馬軍、步軍都指揮使

〔註49〕《資治通鑒》卷278，後唐明宗長興三年十一月，第9080頁。

〔註50〕《十國春秋》卷101《荊南二・文獻王世家》載：「從誨亦遣神牙劉知謙奉表內附，自稱前荊南行軍司馬、歸州刺史，進贖罪銀三千兩。」第1439頁。按，「神牙」當係「押牙」之誤。另，《冊府元龜》卷178《帝王部・姑息三》載：後唐明宗天成四年（929）七月，「荊南行軍節度司馬高從誨遣都押衙劉謙巳進贖罪銀三千兩」。第2142～2143頁。結合兩處記載，可知，高氏荊南幕職中「都押衙」與「押衙」似無分別，而「劉謙巳」與「劉知謙」似為同一人。

〔註51〕《資治通鑒》卷269，後梁均王乾化四年四月胡三省注，第8783頁。

〔註52〕按，《舊五代史》卷9《梁末帝紀中》載：貞明四年（918）五月，「以荊南衙內馬步軍都指揮使、檢校司徒高從誨領濠州刺史」第134頁；同書卷133《高季興傳附高從誨傳》載：「從誨，初仕梁，歷殿前控鶴都頭、鞍轡庫副使、左軍巡使、如京使、右千牛大將軍、荊南牙內都指揮使，領濠州刺史，改歸州

的區分，亦有水軍（手）都指揮的名目。最後，藩鎮所屬部隊中不同軍號的各軍，亦有作為統兵將校的都指揮使，甚至軍下轄的左、右廂，也設置都指揮使。〔註53〕明乎於此，以下不再一一加以辨析，高氏荊南都指揮使任職情況見表7。

表7　高氏荊南都指揮使一覽表

任職者	史載原文	史料出處
高從誨	（季昌以從誨）為馬步軍都指揮使。	《新五代史》卷69《南平世家》，第858頁。
倪可福	高季昌遣都指揮使倪可福以卒萬人脩江陵外郭……	《資治通鑑》卷271，後梁均王龍德元年十一月，第8871頁。〔註54〕
李端	高從誨遣都指揮使李端將水軍數千至南津……	《資治通鑑》卷282，後晉高祖天福六年十二月，第9230頁。
梁延嗣	荊南節度使高保勗寢疾，召牙內都指揮使長安梁延嗣謂曰……	《續資治通鑑長編》卷3，建隆三年十一月，第75頁。〔註55〕
李景威	李景威，荊州長陽人也。文獻王時，未知名，及仕貞懿王，擢水手都指揮使。	《十國春秋》卷103《荊南四·李景威傳》，第1468頁。

另外，李景威曾任衙內兵馬副使，〔註56〕此當為牙內指揮使之副貳。

指揮使　指揮是五代時期軍以下的一級編制，其統兵長官即指揮使。高

刺史。」第1752頁。又，《新五代史》卷69《南平世家》載：「從誨字遵聖。季興時，入梁為供奉官，累遷鞍轡庫使，賜告歸寧，季興遂留為馬步軍都指揮使、行軍司馬。」第858頁。據此可知，衙內馬步軍都指揮使、牙內都指揮使與馬步軍都指揮使，實為同職異稱。

〔註53〕杜文玉：《晚唐五代都指揮使考》，《學術界》1995年第1期。

〔註54〕《十國春秋》卷102《荊南三·倪可福傳》有「俄遷都指揮使」之記載，第1460頁。另，《資治通鑑》卷266「後梁太祖開平元年十月」，稱「其將倪可福」，未言其為「牙將」，第8685頁。《十國春秋》卷100《荊南一·武信王世家》稱：高季興「遣牙將倪可福會楚將秦彥暉攻朗州」，第1428頁；同書卷102《荊南三·倪可福傳》載：「武信王愛其勇，使隸戲下為親校。」第1460頁。

〔註55〕《續資治通鑑長編》卷4「乾德元年二月」亦載：高繼沖以「軍旅、調度委衙內指揮使梁延嗣」。第84頁。

〔註56〕（宋）路振：《九國志》卷12《北楚·李景威傳》，五代史書彙編本，第6冊，杭州出版社點校本2004年版，第3371頁。另，《續資治通鑑長編》卷4「乾德元年二月」記作「兵馬副使」，第84頁。

氏荊南指揮使見表 8。

表 8　高氏荊南指揮使一覽表

任職者	史載原文	史料出處
高從嗣	（楚軍奉唐命攻荊南），季興從子雲猛指揮使從嗣單騎造楚壁，請與希範挑戰決勝……	《資治通鑑》卷 276，後唐明宗天成三年六月，第 9020 頁。
魏璘	世宗征淮，保融遣指揮使魏璘率兵三千，出夏口以為應。	《新五代史》卷 69《南平世家》，第 859 頁。〔註 57〕
李景威	累遷雲猛指揮副使、衙內兵馬副使。	《九國志》卷 12《北楚·李景威傳》，第 3371 頁。〔註 58〕

　　高氏荊南幕職中的武職部分已如上述，其主要有都押衙、都指揮使、指揮使等幕員。藩鎮幕職中的其他武職，似皆不見於高氏荊南。

四、結語

　　另外，高氏荊南的幕府成員，除上述正職外，尚有攝官。如劉皞，「後唐初投高季興於荊南，累為荊州攝官」〔註 59〕。劉皞所攝何職，難以明瞭。而在高氏荊南的攝官中，也有攝職明確的記載。如穆昭嗣，「幼好藥術……後以醫藥有效，南平王高從誨與巾裹，攝府衙推」〔註 60〕。衙推者，即指藩鎮幕府中的醫官，所謂「北方人市醫者皆稱衙推」〔註 61〕。又有材料徑稱：「有穆昭嗣者事高氏荊南為醫官」〔註 62〕。並且，另有不入幕的僚佐，如梁震，其與「司空薰、王保義同為賓客，而震獨不受辟署，稱前進士」〔註 63〕。

　　前述幕職成員，即為高氏荊南政權文武班底的骨幹力量，亦是高氏荊南推行軍政、民政措施的關鍵人物。以上幕職成員皆因高氏荊南自行辟署而入

〔註 57〕　《資治通鑑》卷 294「後周世宗顯德五年正月」載，「高保融遣指揮使魏璘，將戰船百艘東下會伐唐，至于鄂州」，第 9578 頁。《十國春秋》卷 103《荊南四·魏璘傳》載，魏璘「事貞懿王為指揮使，勇略絕倫」，第 1467 頁。

〔註 58〕　《十國春秋》卷 101《荊南二·侍中繼沖世家》載，宋太祖「詔江陵發水軍三千人赴潭州，繼沖即遣親校李景威將以往」，第 1451 頁。

〔註 59〕　《冊府元龜》卷 729《幕府部·辟署四》，第 8681 頁。

〔註 60〕　《北夢瑣言逸文》卷 1《僧懷濬書吉凶》，第 383 頁。

〔註 61〕　（宋）陸游：《老學庵筆記》卷 2，中華書局點校本 1979 年版，第 25 頁。

〔註 62〕　（宋）王象之：《輿地紀勝》卷 64《荊湖北路·江陵府上·風俗形勝》，中華書局影印本 1992 年版，第 2200 頁。

〔註 63〕　《十國春秋》卷 102《荊南三·梁震傳》，第 1461 頁。

幕。藩鎮幕府的辟署制度肇始於唐代，其實行有表奏朝廷的必經手續，在辟署僚佐方面朝廷還曾有諸多限令，後梁時期甚至一度廢除使府辟署制，使府幕職盡由除授，後唐莊宗在位時重新恢復辟署制度，但在幕職的辟署上仍然有所限制。〔註64〕與唐代藩鎮行用辟署制度以延用人才入幕的程序相同，高氏荊南幕職僚佐的任用，應當也是遵循先署職和後辟官的途徑，即士人入幕後即被高氏五主署為上述各種幕職，然後再上報所臣屬政權的中央有關部門，請求授予某官。故而，高氏荊南的幕僚，同樣有「官」有「職」。「職」的具體職掌與「官」的改遷並無關聯，幕府成員的「職」由高氏五主自行確定，而「官」的遷轉則須奏請所奉事的中央政權。

原載於《歷史‧記憶‧文化》第 3 輯，中國地質大學出版社 2010 年版

〔註64〕《五代會要》卷 25《幕府》，第 395 頁。

事大稱臣：高氏荊南外交方略之基調

　　高氏荊南，亦稱「南平」，係五代十國時期以荊、歸、峽三州為地域範圍，以今湖北江陵為統治中心的南方九個割據政權之一。其開國、立國於地緣政治地位相較特殊的江漢平原腹心，乃名符其實的四戰之地，又是歷史時期湖北地區唯一的區域性政權，雖前後僅及 57 年，個中原因卻不由人不深省。傳統史家從正統觀念出發，視高氏荊南為「小國」「高賴子」〔註1〕，受此影響，該政權的評價一直偏低，關於其建立、延續條件、緣由的探討亦長期未能引人關注。但誠如五代史專家陶懋炳先生所言：「史籍斥言其無賴，極嘲笑之能事，忽視了它賴以存在的主要條件，顯係正統觀念的偏見。」〔註2〕鄭學檬先生曾說：荊南政權所處外部「環境複雜，政局穩定與否主要取決於高氏本身的對策是否得當」〔註3〕。依此而論，高氏父子能在群雄以力相拼的時代享國五十餘年，其所採取的迥異於南方其他諸國的自存之道，是高氏荊南統治者立足於外部客觀環境而做出的明智選擇，自有其合理性，內政、外交、軍事、經濟諸方面莫不如斯。因關於外交層面的深入探究仍付闕如，而外交實為政治之延伸，與高氏荊南的立國之道深相契合，是高氏荊南自存於強鄰環伺格局下至為重要的因素之一，頗有全面梳理、深度挖掘之必要。故本篇以此為中心，勾勒此一政策演變的大致脈絡，並對事大政策的內容與實質，後果與作用予以剖析，寄望有裨於對此問題的全面理解與認識。

〔註1〕（宋）歐陽修：《新五代史》卷 69《南平世家》，中華書局點校本 1974 年版，第 859 頁。
〔註2〕陶懋炳：《五代史略》，人民出版社 1985 年版，第 177 頁。
〔註3〕鄭學檬：《五代十國史研究》，上海人民出版社 1991 年版，第 11 頁。

一、事大政策的奉行與確立

唐代末年，在以求自保的藩鎮內，即已出現「禮藩鄰，奉朝廷，則家業不墜」〔註4〕的說法。對此，南方各地軍閥大多身體力行，如湖北的杜洪、江西的鍾傳與危全諷、湖南的馬殷、福建的王審知、兩浙的錢鏐，莫不如此。但未及五代，杜洪、鍾傳與危全諷就已滅絕。後梁建立之初，「惟河東、鳳翔、淮南稱『天祐』，西川稱『天復』年號；餘皆稟梁正塑，稱臣奉貢」〔註5〕。馬殷、錢鏐與王審知仍然沿襲稱臣納貢中朝的做法，周旋於諸般勢力之間。高季昌本為朱全忠幹將，對朱全忠崇敬有加，稱臣後梁，自然不甘人後。〔註6〕開平元年（907）五月，後梁拜季昌荊南節度使。〔註7〕是月，季昌貢質狀百味的瑞橘數十顆於梁。〔註8〕高氏荊南的事大政策，即推行於此時。

然而，高氏荊南並非一以貫之地奉行事大政策，其間曾有反覆，不僅兩度改奉正朔，甚而還短暫臣屬於兩國，一直到後漢隱帝在位年間，高氏荊南外交上的搖擺狀態才告中止，轉而對事大政策奉行不渝，延及後周、北宋，貢獻愈勤，臣節更著。總括而言，高氏荊南的事大政策，經歷了由推行至正式確立的過程，發軔於高季昌，其間迭有變化，至高從誨在位末年，事大政策才成為永久國策，終高氏荊南滅亡而不改。

高季昌在位時，事大政策的執行迭有變更，其過程大致可分為四個階段：

第一階段，自後梁太祖開平元年（907）四月至後梁末帝乾化二年（912）十二月，此為事大政策的初步推行階段。後梁立國後的次月，季昌即由荊南留後被拔擢為荊南節度使。後梁太祖在位期間，季昌尚能忠實於藩鎮本分，謹遵朝命。不僅時修職貢，而且還奉命出師征討。如開平元年（907）十月，高季昌奉詔派遣倪可福會同楚將進攻朗州。但後梁太祖末年，政事日壞，季昌逐漸萌生割據之念，事大政策的執行力度相對減弱，並於乾化二年（912）

〔註4〕（宋）歐陽修、宋祁：《新唐書》卷211《王廷湊附紹鼎傳》，中華書局點校本1975年版，第5962頁。

〔註5〕（宋）司馬光：《資治通鑒》卷266，後梁太祖開平元年四月，中華書局點校本1956年版，第8675頁。

〔註6〕（清）繆荃孫輯：《北夢瑣言逸文》卷2《高季昌推崇梁王》，見（宋）孫光憲：《北夢瑣言》，中華書局點校本2002年版，第402～403頁。

〔註7〕（宋）吳任臣：《十國春秋》卷100《荊南一·武信王世家》，中華書局點校本1983年版，第1428頁。

〔註8〕（宋）薛居正等：《舊五代史》卷3《梁太祖紀一》，中華書局點校本1976年版，第52頁。

五月，開始築城修樓，欲為自全之計。當年六月，郢王朱友珪弒父襲位。高季昌亦加快了割據的步伐。

第二階段，自後梁乾化二年（912）十二月至貞明三年（917）四月，此為放棄事大政策、自守一方階段。這次轉變始於乾化二年（912）十二月，高季昌打著助梁伐晉的旗號，出兵進攻襄州，「自是朝貢路絕」〔註9〕。事大政策暫時中止。次年九月，高季昌又大造戰艦，招納亡命，反叛之狀更加明顯。此後，季昌東通於吳，西通於蜀，未嘗稱臣於任何一方，實際已然成為一個獨立的小王國。後梁對此徒呼負負，惟能放任不顧。

第三階段，自後梁貞明三年（917）四月至後唐明宗天成三年（928）六月，此為重拾事大政策並再度背叛中朝階段。貞明三年（917）四月，高季昌主動與山南東道節度使孔勍修好，重新稱臣於後梁，復通貢獻，恢復事大政策。此後，一直至後梁滅亡，高氏荊南奉事中朝的政策未曾改變。

後唐建立後，莊宗遣使宣諭諸道，後梁所除節度使五十餘人皆上表入貢．高季昌避唐廟諱，改名季興；並不顧梁震勸諫，執意入洛陽朝覲莊宗。僥倖歸來後，認為莊宗矜伐自大，又荒畋放縱，不必為慮，「乃繕城積粟，招納梁舊兵，為戰守之備」〔註10〕。由此可見，莊宗在位時，儘管高季興表面臣屬於唐，似無二心，但私下卻不斷擴充軍備，壯大實力，割據之心猶存。

同光（923～926）、天成（926～929）之交，季興經多次奏請，終於獲得唐荊南鎮原管轄郡夔、忠、萬、歸、峽五州。後因劫奪伐蜀財寶、搶佔夔州和進攻涪州的軍事行動，觸怒明宗。天成二年（927）二月，後唐出師討伐荊南，高氏荊南與後唐關係徹底破裂。兵臨城下，高季興方知事態嚴重，是年五月，請求稱臣於吳，遭徐溫拒絕；〔註11〕九月，季興轉而又遣使持書乞修貢奉於後唐，明宗詔令不納。〔註12〕爭取稱臣後唐而不果，標誌著高氏荊南重行事大政策的道路已然被堵死。有鑑於此，季興「復請稱藩于吳」〔註13〕，終獲許可，「遂以荊、歸、峽三州臣于吳，吳冊季興秦王」〔註14〕。這次改圖，恰

〔註9〕《資治通鑑》卷268，後梁太祖乾化二年十二月，第8764頁。
〔註10〕《資治通鑑》卷272，後唐莊宗同光元年十二月，第8910頁。
〔註11〕《資治通鑑》卷275，後唐明宗天成二年五月，第9005～9006頁。《十國春秋》卷100《荊南一·武信王世家》亦載，略與此同。第1435～1436頁。
〔註12〕《舊五代史》卷38《唐明宗紀四》，第527頁。
〔註13〕《資治通鑑》卷276，後唐明宗天成三年六月，第9020頁。
〔註14〕《新五代史》卷69《南平世家》，第857頁。

值後唐出兵討伐荊南之時，高季興向吳稱臣的目的，應該是希望藉此獲得淮南軍隊的支持與援助。

第四階段，自吳睿帝乾貞二年（928）六月至是年十二月，此為奉吳正朔階段。在稱臣於吳的當年十二月，高季興病逝。也就是說，高季興外交政策的第四階段，僅有半年時間。從之後的事實來看，這種策略的效果並不明顯。

高從誨在位時，事大政策的奉行情況亦前後不一，其過程也可劃分為四個階段：

第一階段，自吳乾貞二年（928）十二月至吳乾貞三年（929）六月，此為稱臣於吳階段。在這半年時間，繼位不久的高從誨，實際並不情願臣屬於吳，明確表示「唐近而吳遠，非計也」〔註15〕。實際上，早在天成二年（927）五月，高季興據城阻命時，高從誨即勸其父首過於後唐，但未被採納。〔註16〕為能改圖於後唐，高從誨先後通過楚馬殷、後唐山南東道節度使安審琦，向明宗表達稱臣復修職貢的願望；並於天成四年（929）六月，上章首罪，乞修職貢，進獻贖罪銀三千兩。〔註17〕上述不懈努力，終於打動明宗，明宗認為，「先臣叛命，不預從誨事，可待之如初」〔註18〕。同年七月，明宗授高從誨檢校太傅、兼侍中，充荊南節度使。〔註19〕事大政策再次被確立下來。

第二階段，自後唐天成四年（929）七月至後漢高祖天福十二年（947）八月，此為奉行事大政策階段。高從誨改奉後唐正朔的目的達到後，遂於長興元年（930）三月，「遣使奉表詣吳，告以墳墓在中國，恐為唐所討，吳兵援之不及，謝絕之。吳遣兵擊之，不克」〔註20〕。至此，荊南才正式結束與吳的臣屬關係。由此來看，自天成四年（929）六月至長興元年（930）三月間，高氏荊南實際上貳屬於後唐與吳。這也是高氏荊南第一次臣屬於兩國的時期，前後共計9個月。

在與吳斷絕關係後，高氏荊南以事大政策作為外交的核心原則，努力保持與後唐、後晉的臣屬關係，一直到後漢初期，都未與中朝直接對抗。但是，

〔註15〕《資治通鑒》卷276，後唐明宗天成四年五月，第9030頁。
〔註16〕（宋）王欽若等：《冊府元龜》卷166《帝王部·招懷四》，中華書局影印本1960年版，第2007頁。
〔註17〕《舊五代史》卷40《唐明宗紀六》，第551頁。
〔註18〕《冊府元龜》卷166《帝王部·招懷四》，第2007頁。
〔註19〕《舊五代史》卷40《唐明宗紀六》，第552頁。
〔註20〕《資治通鑒》卷277，後唐明宗長興元年三月，第9040頁。

高從誨並未放棄與淮南的交往，特別是在吳、南唐禪代之前，針對吳權臣徐知誥代吳跡象的日益公開化，高從誨敏銳捕捉時機，於天福元年（936）四月，遣使勸其即帝位。〔註21〕次年十月，徐知誥稱帝，改國號曰唐，是為南唐烈祖李昪。十一月，高從誨又不失時機地請求置邸建康，得到李昪認可。〔註22〕天福三年（938）正月，高從誨又專門派遣使者至南唐賀即位。

上述一系列行動，尤為值得注意的是，「置邸建康」的行為所隱含的政治寓意。所謂「置邸建康」，即是在建康設置進奏院。始於唐代中葉的進奏院制度，本與「飛錢」（或稱「便換」）、「邸報」等現象有關，但其後政治意義更為突出。因為，「進奏院的設立，不僅是中央政治統治的象徵，也適應了朝廷政令貫徹上的特殊需要。進奏院作為地方駐京機關，進奏官作為藩帥的心腹，主要還是作為藩鎮對付朝廷的工具」〔註23〕。延及五代，置邸成為各割據政權表示自己隸屬關係的行動。如湖南馬希萼、希廣兄弟爭權，希廣已置邸於後漢首都汴州，希萼為與之抗衡，「表請別置進奏務於京師」。「詔以湖南已有進奏務，不許」。馬希萼以為「朝廷意佑楚王希廣」，乃「遣使稱藩于（南）唐」〔註24〕。此例表明，置邸於某國，其實就是表示臣屬於某國。如後周時，南唐稱臣於中朝，其中的重要內容之一，即「置進奏邸於汴都」〔註25〕。一般而言，一國不能同時置邸於兩國。如後周世宗顯德年間（954～959），「（南）唐清源軍節度使留從效遣使入貢，請置進奏院於京師，直隸中朝，詔報『以江南近服，方務綏懷，卿久奉金陵（指南唐），未可改圖。若置邸上都，與彼抗衡，受而有之，罪在於朕』」〔註26〕。之所以後周世宗不同意留從效置邸汴州的請求，原因之一即在於留從效久奉南唐正朔，不宜改圖。

據此來看，高從誨「置邸建康」，實際上就是向南唐稱臣。而高氏荊南自天成四年（929）六月後，已奉後唐正朔，此時的稱臣關係並無改變。因此，自設置進奏院於建康後，高氏荊南又第二次出現臣屬於兩國的情形。至於這種局面持續至何時，史籍無載，難以判斷。

〔註21〕《資治通鑒》卷280，後晉高祖天福元年四月，第9141頁。
〔註22〕（宋）陸游：《南唐書》卷1《烈祖本紀》，五代史書彙編本，第9冊，杭州出版社點校本2004年版，第5465頁。
〔註23〕張國剛：《唐代藩鎮研究》，湖南教育出版社1987年版，第178頁。
〔註24〕《資治通鑒》卷289，後漢隱帝乾祐三年八月～九月，第9426頁。
〔註25〕《南唐書》卷2《元宗本紀》，第5482頁。
〔註26〕《資治通鑒》卷294，後周世宗顯德六年六月，第9599頁。

　　所以說，高氏荊南在此階段的外交，固然以奉事中朝為基本原則，但在後晉天福（936～944）初年，仍有稱臣於南唐的行為，這種情況又是南方諸國中所未見者。個中原因，當與高氏荊南周邊形勢的變化有關。其時，後晉立國未久，政局不穩，晉高祖石敬瑭不僅媚事遼朝，無所不用其極，而且姑息藩鎮，以求換取諸鎮的支持，保住皇位。鑒於中朝形勢已經如此，難以庇護高氏荊南，高從誨為免遭日益強大的淮南政權的打擊，主動稱臣於李昪，不失為一種有效的策略。對此，後晉僅能坐視不顧而已。

　　第三階段，自後漢天福十二年（947）八月至後漢隱帝乾祐元年（948）六月，此為絕貢中朝階段。後晉末年，中原再度陷入大亂之中，乃至契丹一度入主中原。為求得新政權的支持，高從誨不僅遣使貢於契丹，亦派人至太原，勸劉知遠稱帝，並「密有祈請，言俟車駕定河、汴，願賜郢州為屬郡，漢祖依違之」〔註27〕。對此，胡三省嘗言：「荊南高氏父子事大以保其國，為謀大率如此。」〔註28〕及至漢高祖進入汴州，高從誨請求踐履前言，遭到拒絕。於是，高從誨先是拒絕後漢加恩，並於當年八月，派遣水軍襲擊後漢襄州，不料卻為山南東道節度使安審琦所敗；進攻郢州，又敗於後漢刺史尹實。〔註29〕乾祐元年（948）四月，荊南又一次陳兵郢州，仍無疾而終。〔註30〕此次郢州之爭的未遂，徹底激化高氏荊南與後漢間的矛盾，其臣屬關係就此中斷。史載：「從誨自求郢州不得，遂自絕於漢。」〔註31〕史料又稱：「王乃絕漢，附於唐、蜀。」〔註32〕

　　第四階段，自後漢乾祐元年（948）六月至北宋太祖乾德元年（963）二月，此為堅定奉行事大政策階段。與後漢斷絕關係後，一直依賴商稅收入的高氏荊南，竟然出現「北方商旅不至，境內貧乏」〔註33〕的境況，迫不得已，高從誨又重新稱臣於後漢。史載：後漢乾祐元年（948）六月，「荊南節度使高從誨上表歸命，從誨嘗拒朝命，至是方遣牙將劉扶詣闕請罪」〔註34〕。隱帝釋其無罪。

〔註27〕《舊五代史》卷133《高季興傳附高從誨傳》，第1753頁。
〔註28〕《資治通鑑》卷286，後漢高祖天福十二年正月胡三省注，第9337頁。
〔註29〕《資治通鑑》卷287，後漢高祖天福十二年八月，第9375頁。
〔註30〕《舊五代史》卷101《漢隱帝紀上》，第1346～1347頁。
〔註31〕《新五代史》卷69《南平世家》，第859頁。
〔註32〕《十國春秋》卷101《荊南二‧文獻王世家》，第1444頁。
〔註33〕《十國春秋》卷101《荊南二‧文獻王世家》，第1444頁。
〔註34〕《舊五代史》卷101《漢隱帝紀上》，第1348頁。

　　自此之後，一直到宋初，高氏荊南的事大政策不僅再未改易，而且進入後周以後，執行力度呈現出日益加強的趨勢。其表現之一，即為入貢次數的增多，誠如史載：「荊南自後唐以來，常數歲一貢京師，而中間兩絕。及世宗時，無歲不貢矣。保融以謂器械金帛，皆土地常產，不足以效誠節，乃遣其弟保紳來朝，世宗益嘉之。」〔註35〕其表現之二，是在中朝攻打南唐與後蜀時，或出兵援助，或主動表達聲援的意願。後周顯德五年（958），世宗進軍南唐，當年三月，荊南發遣水軍至鄂州聲援。〔註36〕同年十月，鑒於後周準備再次用兵後蜀，高保融奏：「聞王師將伐蜀，請以水軍趣三峽。」〔註37〕這種情形的出現，自然與中朝政權力量的日益強大有關，荊南也由此而日益感受到來自中原政權的壓力，故而勤於貢獻、派兵相助，以維繫、鞏固與中朝的臣屬關係，並免受覆亡之禍。

二、臣屬關係的內容與實質

　　高氏荊南外交中的事大政策，落到實處也就是與中朝建立臣屬關係。因高氏荊南並未走稱帝建國的道路，而始終以藩制的統治體制示之於人，故而從表面上看，這種與中原政權間的臣屬關係，類似於唐代藩鎮與朝廷間的關係。但實際上，兩者間有著本質的區別，不宜等而視之。

　　有學者指出，臣屬關係包括五個方面的內容：第一，承認中原政權的天子為唯一合法的天子，尊奉正朔，秉行其政令。第二，藩鎮節帥必須由朝廷任命。第三，藩帥在京師中設置進奏院，委派進奏官，向朝廷彙報地方事務。第四，朝廷在藩鎮統內設置監軍使院，委派監軍使，對其政務進行監督和干預。第五，藩鎮有交納賦稅與遣使朝貢的義務。〔註38〕

　　依據上述標準，一一比照高氏荊南時期奉行事大政策的有關情況，不難發現，高氏荊南雖說在絕大部分時間內臣屬於中朝，但卻不是一一恪守上述內容，除第二項奉行不渝外，其他或有折扣，或者根本就從未出現於高氏荊南時期。就此而論，高氏荊南與真正隸屬於中央朝廷的藩鎮，差別極為顯著。

〔註35〕《新五代史》卷69《南平世家》，第859頁。
〔註36〕《舊五代史》卷118《周世宗紀五》，第1569頁。
〔註37〕《資治通鑒》卷294，後周世宗顯德五年十月，第9588頁。
〔註38〕何勇強：《錢氏吳越國史論稿》，浙江大學出版社2002年版，第218～219頁。

首先，高氏荊南在第一項的執行上並不十分嚴格。前已有述，高氏荊南在後唐明宗、後晉高祖時期，曾兩度貳屬，顯然未將中朝天子視為惟一的真命天子。而且，高氏荊南不遵朝命的事，也是常常發生，甚而與中朝直接對抗。

其次，高氏荊南在進奏院的設置上，似乎也不太健全。進奏院的長官為都知進奏官，也稱做進奏吏、邸吏等。進奏官並非獨立的幕職，而是由本鎮眾多的幕職中選派一人充任。〔註39〕唐代的進奏院是藩鎮的落腳點、中轉站、情報所、辦事處，是聯繫藩鎮與中央的紐帶。〔註40〕但至五代，進奏院是表示臣屬關係的政治行為。從有關記載來看，高氏荊南的進奏官惟見一例，即「知進奏鄭景玫」〔註41〕，而這還是宋初的例子。在此之前，尚未見到高氏荊南有人擔任知進奏官者。據此而論，雖然不能斷言此前的高氏荊南一定未設知進奏官，但至少可表明，此項制度的執行並不是十分到位。

再次，高氏荊南未設中朝的監軍使。唐前期的監軍為臨時設置，隨軍出征，對將帥進行監督，事畢即罷。安史之亂後，唐廷大量派遣心腹宦官至各地監軍，從而使監軍成為長駐地方的固定使職。五代時期依然如此，如後唐同光二年（924）十月，莊宗以「天平軍監軍使柴重厚可特進、右領衛將軍同正，充鳳翔監軍使」〔註42〕，即為其例。但是，中朝的監軍制度從未施行於高氏荊南，當然也就無法談及中朝以監軍使對其政務進行干預和監督了。

最後，高氏荊南臣屬於中朝後，屢屢遣使上貢，誠為事實。而交納賦稅，則未見其例。所謂上貢，係職貢，乃藩屬或外國對於朝廷按時的納貢，與地方賦稅繳納於中央，完全是兩碼事。自唐末以來，藩鎮財賦分為上供、留使、留州三部分，其中的上供部分，是藩鎮向朝廷履行經濟義務的主要表現，也是中央控制地方財權的重要舉措。然而，高氏荊南的財政並不受中朝控制，具有完全的自主權。

王夫之在談到朱溫建立後梁之初的情況時，曾說：

> 當朱溫之時，李克用既與敵立，李茂貞、劉仁恭、王鎔、羅

〔註39〕 《唐代藩鎮研究》，第 166 頁。
〔註40〕 《唐代藩鎮研究》，第 171～176 頁。
〔註41〕 （元）脫脫等：《宋史》卷 483《荊南高氏世家》，中華書局點校本 1985 年版，第 13954 頁。
〔註42〕 《舊五代史》卷 32《唐莊宗紀六》，第 442 頁。

紹威亦擁土而不相下，其他楊行密、徐知誥、王建、孟知祥、錢
鏐、馬殷、劉隱、王潮、高季興先後並峙，帝制自為，分土而守，
雖或用其正朔，究未嘗奉冠帶、祠春秋，一日奔走於汴、雒也。
〔註43〕

　　　（朱溫）乃以勢言之，而抑不足以雄也。西挫於李茂貞，東折
　　於楊行密，王建在蜀，視之蔑如也；羅紹威、馬殷、錢鏐、高季昌，
　　雖暫爾屈從，而一兵尺土粒米寸絲不為之用。〔註44〕

儘管此處所言為後梁立國初期的情形，但在五代時期的很長一短時間內，中
朝與南方奉其正朔的割據政權間的關係，大致與材料所反映的情形類似。

　　因此，儘管高氏荊南奉行事大政策，名義上仍然是中原政權的藩鎮，但
實際上，這種臣屬關係，與中原政權轄境內的藩鎮與中央間的關係，有著顯
著的區別。從本質上來說，高氏荊南已經是一個獨立的王國，其與中原政權
間的關係，已遠遠突破地方與中央的關係。正如前面所說，之所以高氏荊南
要努力鞏固、并保持與中原政權間的密切聯繫，主要原因即在於利用中朝的
力量，牽制淮南、川蜀與湖南，從而使自身立於不敗之地。

三、事大政策的後果與作用

　　高氏荊南長期奉行事大政策，是其保全自身的重要原因之一。

　　事大政策的後果直接表現為臣屬關係的建立，而中朝對於稱臣諸國，也
往往以藩鎮視之，並屢屢在新君即位或重大國事活動的前後，對於諸國之主
加官晉爵，以籠絡諸國。故而，高氏五主亦是中朝授以官爵的對象。今據史
籍所載，先將高氏五主接受中朝官爵的情況，製成如下數表，以見其實。需
要說明的是，以下對官爵情況的分析，主要依據陳茂同《歷代職官沿革史》
有關唐代官職的介紹。〔註45〕

　　高季興接受中原政權官爵的情況，見表1。

〔註43〕（清）王夫之：《讀通鑒論》卷28《五代上》，中華書局點校本1975年版，
　　　　第1010～1011頁。
〔註44〕《讀通鑒論》卷28《五代上》，第1023頁。
〔註45〕陳茂同：《歷代職官沿革史》，華東師範大學出版社1988年版，第253～318
　　　　頁。

表 1　高季興接受中朝官爵一覽表

		時　　間	授受官爵	史料出處
後梁	太祖	開平元年五月	拜荊南節度使。〔註46〕	《資治通鑑》卷 266，第 8680 頁。
		開平二年	加同中書門下平章事。	《十國春秋》卷 100《荊南一‧武信王世家》，第 1429 頁。
	末帝	乾化三年八月	賜爵渤海王。	《資治通鑑》卷 268，第 8776 頁。
		龍德元年二月	以荊南節度使、檢校太師、兼中書令、渤海郡王高季昌為守中書令，依前節度使。	《舊五代史》卷 10《梁末帝紀下》，第 145 頁。
後唐	莊宗	同光元年十一月	依前檢校太師、守中書令，餘如故。	《資治通鑑》卷 272，第 8907 頁。
		同光二年三月	依前檢校太師、兼尚書令，封南平王。	《舊五代史》卷 31《唐莊宗紀五》，第 431 頁。
	明宗	天成元年六月	加守太尉、兼尚書令。	《舊五代史》卷 36《唐明宗紀二》，第 500 頁。
		長興元年正月	追封季興楚王，諡曰武信。	《新五代史》卷 69《南平世家》，第 858 頁。
		長興元年十二月	故荊南節度使、檢校太尉、兼尚書令、南平王高季興贈太尉。	《舊五代史》卷 41《唐明宗紀七》，第 572 頁。

　　據表可知，高季昌最初所領惟荊南節度使一職，此為差遣。後梁開平二年（908）所加「同中書門下平章事」，及其後的「兼中書令」「兼尚書令」，則為使相，即以節度使而帶宰相之名者，使相併不參與政事。節度使為使相者，「並列銜於敕牒，側書『使』字。」因尚書令為南省官資，故帶尚書令則不合署敕尾。〔註47〕「渤海王」「南平王」與「楚王」，則是封爵。「檢校太師」「檢校太尉」則為檢校官，其性質為假借官資的形式，是分屬於「三師」「三公」的虛銜，僅有累計官資、班序和薨卒輟朝等特權，寓寄銜之意，亦不親掌其

〔註46〕　《十國春秋》卷 100《荊南一‧武信王世家》，第 1428 頁。另，（宋）周羽翀：《三楚新錄》卷 3 稱：「拜江陵尹，兼管內節度觀察處置等使。」五代史書彙編本，第 10 冊，杭州出版社點校本 2004 年版，第 6327 頁。

〔註47〕　《舊五代史》卷 40《唐明宗紀六》，第 553～554 頁。

事。另據史籍記載：高季興生前官爵實則為扶天輔國翊佐功臣、荊南節度、歸峽等州觀察處置等使、開府儀同三司、檢校太尉、尚書令、江陵尹、上柱國、南平王、食邑八千戶、食實封五百戶。〔註48〕據此，在功臣名號、差遣、文官散階、檢校官、使相、勳官、封爵與虛封之外，高季興所任職事官實際為江陵尹。

高從誨接受中朝官爵的有關情況，見表2。

表2　高從誨接受中朝官爵一覽表

時　間		授受官爵	史料出處
後梁		殿前控鶴都頭、鞍轡庫副使、左軍巡使、如京使、左千牛大將軍、荊南牙內都指揮使，領濠州刺史，改歸州刺史，累官至檢校太傅。	《舊五代史》卷133《高季興傳》，第1752頁。〔註49〕
後唐	莊宗	荊南行軍司馬、檢校太傅。	《舊五代史》卷40《唐明宗紀六》，第552頁。
	明宗 天成四年七月	授檢校太傅、兼侍中，充荊南節度使。	《舊五代史》卷40《唐明宗紀六》，第552頁。
	長興二年正月	加兼中書令。	《舊五代史》卷42《唐明宗紀八》，第575頁。〔註50〕
	長興三年二月	賜爵渤海王。	《十國春秋》卷101《荊南二·文獻王世家》，第1440頁。
	長興三年九月	加檢校太尉、兼中書令。	《舊五代史》卷43《唐明宗紀九》，第594頁。
	閔帝 應順元年正月	封南平王。	《舊五代史》卷45《唐閔帝紀》，第616頁。

〔註48〕《冊府元龜》卷178《帝王部·姑息三》，第2143頁。
〔註49〕另，《新五代史》卷69《南平世家》載：從誨，「季興時，入梁為供奉官，累遷鞍轡庫使，賜告歸寧，季興遂留為馬步軍都指揮使、行軍司馬」。第858頁。
〔註50〕按，《十國春秋》卷101《荊南二·文獻王世家》載：「唐加從誨檢校太尉、兼中書令、江陵尹。」第1440頁。或將「檢校太傅」誤作「檢校太尉」，今不取。

後晉	高祖	天福二年正月	加食邑食封，改功臣名號。	《舊五代史》卷76《晉高祖紀二》，第996頁。
		天福三年二月	加食邑食封。	《舊五代史》卷77《晉高祖紀三》，第1013頁。
	少帝	天福七年七月	加兼尚書令。（從誨辭不受。）	《舊五代史》卷81《晉少帝紀一》，第1070頁。
後漢	隱帝	乾祐元年十一月	詔贈尚書令，諡曰文獻。	《舊五代史》卷133《高季興傳附高從誨傳》，第1753頁。

由表可知，自後唐天成四年（929）七月，高從誨被授檢校太傅、兼侍中，充荊南節度使，至後漢乾祐元年（948）十一月卒之前，其官爵已是荊南節度使、檢校太尉、兼中書令、南平王，分別對應於差遣、檢校官、使相、封爵。

高保融接受中朝官爵的有關情況，見表3。

表3　高保融接受中朝官爵一覽表

時　間			授受官爵	史料出處
後晉	少帝		檢校司空；荊南節度副使、檢校太傅、領峽州刺史。	《十國春秋》卷101《荊南二·貞懿王世家》，第1446頁。
後漢	隱帝	乾祐元年十二月	授荊南節度使、檢校太尉、同平章事、渤海郡侯。	《舊五代史》卷101《漢隱帝紀上》，第1352頁。〔註51〕
		乾祐二年十月	加檢校太師、兼侍中。	《十國春秋》卷101《荊南二·貞懿王世家》，第1446頁。
後周	太祖	廣順元年正月	進封渤海郡王。	《舊五代史》卷110《周太祖紀一》，第1463頁。〔註52〕
		顯德元年正月	以荊南節度、荊歸峽觀察等	《舊五代史》卷113《周太祖

〔註51〕　另，《資治通鑑》卷288「後漢高祖乾祐元年十二月」載：「以高保融為荊南節度使、同平章事。」第9404頁；《十國春秋》卷101《荊南二·貞懿王世家》載：「授起復檢校太尉、同平章事、江陵尹、荊南節度、荊歸峽觀察使。」第1446頁。今從《舊史》。

〔註52〕　另，《十國春秋》卷101《荊南二·貞懿王世家》載：「周加保融兼中書令，封渤海郡王。」第1446～1447頁。今從《舊史》。

			使、檢校太師、兼中書令、 江陵尹、渤海郡王高保融封 南平王。	紀四》，第 1501 頁。〔註 53〕
世宗		顯德元年七月	加守中書令。	《舊五代史》卷 114《周世宗 紀一》，第 1518 頁。
恭帝		顯德六年八月	加守太保。	《舊五代史》卷 120《周恭帝 紀》，第 1593 頁。
北宋	太祖	建隆元年正月	守太傅。	《宋史》卷 1《太祖紀一》， 第 5 頁。
		建隆元年秋	諡曰貞懿。	《舊五代史》卷 133《高季興 傳附高從誨傳》，第 1753 頁。

由表可知，自後漢乾祐元年（948）十二月，高保融被授荊南節度使、檢校太尉、同平章事、渤海郡侯，至北宋建隆元年（960）八月卒之前，其官爵為荊南節度、荊歸峽觀察等使、檢校太師、守太傅、兼中書令、江陵尹、南平王，分別對應於差遣、檢校官、使相、職事官和封爵。

高保勗接受中朝官爵的有關情況見表 4。

表 4　高保勗接受中朝官爵一覽表

時　間			授受官爵	史料出處
後晉	高祖	天福初	領漢州刺史。	《十國春秋》卷 101《荊南二· 侍中保勗世家》，第 1450 頁。
後周	太祖	廣順年間	加檢校太傅，充荊南節度副 使。	同上。
		顯德初	加檢校太尉、充行軍司馬、領 寧江軍節度使。	同上。
北宋	太祖	建隆二年九月	拜荊南節度使。	《續資治通鑒長編》卷 2，第 53 頁。

由表可知，高保勗在位時官爵為荊南節度使、檢校太尉，分別對應於差遣和檢校官。

〔註 53〕又《冊府元龜》卷 129《帝王部·封建》載：顯德元年（954）正月，「以荊南節度使、荊歸峽觀察使、檢校太師、兼中書令、江陵尹、渤海郡王高保融封南平王」。第 1557 頁。《十國春秋》卷 101《荊南二·貞懿王世家》同《舊史》。第 1447 頁。

高繼沖接受中朝官爵的有情況見表 5。

表 5　高繼沖接受中朝官爵一覽表

時　間		授受官爵	史料出處
後周	顯德六年	以蔭授檢校司空，領荊南節度副使。	《十國春秋》卷 101《荊南二·侍中繼沖世家》，第 1451 頁。
北宋	太祖 乾德元年正月	除檢校太保、江陵尹、荊南節度使。	同上。〔註 54〕

由表可知，高繼沖在位時官爵僅為荊南節度使、檢校太保、江陵尹，分別對應於差遣、檢校官和職事官。

仍須指出的是，自唐代中葉以來，使職差遣制度已然萌現，起初事畢即罷，嗣後漸成制度。所謂差遣，實際上即以職事官負責他事，由此呈現出職事官與具體職掌分離的狀況。但被差遣者皆先前已帶職事官。五代時期依然如此。故而，高氏五主照例當以江陵尹為職事官，即高從誨、高保勗兩人亦當擔任江陵尹。

結合以上所述，高氏五主最基本的使職為荊南節度使、荊歸峽觀察處置等使，職事官一律皆為江陵尹，上述這些，五主盡皆相同。而在此之外，封爵、檢校官、使相的授受，前後卻有較大差別。從封爵的賜予來看，獲賜「南平王」者，僅高季興、高從誨與高保融三人，高保勗與高繼沖均未獲此封爵。從檢校官的授受來看，高氏五主以被除授檢校太尉最為常見，其中官階最高者為高保融的「檢校太師」，官階最低者則為高繼沖的「檢校太保」。若從使相的層面予以考察，則高季興、高從誨和高保融生前末任，已分別為「尚書令」「兼中書令」和「兼中書令」，高保勗、高繼沖已不再領有使相銜。聯繫高保勗、高繼沖在位的時間，出現上述官爵品級下降的情形，並非不可理喻。原因概在於趙宋王朝建立後，隨著中央集權的日益加強，宋廷對南方諸國也不再一味執行姑息之策，而是有意抑制、削弱諸臣屬國君主的權力，其主要途徑就是不斷降低臣屬國最高統者的官爵品級，高保勗、高繼沖官爵品級遠遜於其先人，實際上就是這種手段施行後的結果。

〔註 54〕（宋）李燾：《續資治通鑑長編》卷 4「乾德元年正月」記作：「以荊南節度副使、權知軍府事高繼沖為荊南節度使。」中華書局點校本 2004 年版，第 82 頁。

　　儘管如此，高氏荊南稱臣於中朝，其最高統治者高氏五主，不時被五代各朝加官晉爵，卻是常見現象。這種由稱臣而導致的加官晉爵，雖然並無太多的實質性內容，但其所發揮的作用卻至為顯著，主要表現為下述三點：

　　其一，高氏荊南利用奉事中朝而建立的臣屬關係，依靠中原政權為其後盾，震懾相鄰政權，使之不敢貿然加兵於荊南，從而為自身構築一個相對安全、穩定的外部環境。反之，則極易招致中原政權的兵戈相向，而且，中原政權往往號令與高氏荊南相鄰的臣屬國，共同出兵圍剿。如天成二年（927）二月，明宗下令討伐高氏荊南，在派遣後唐軍隊的同時，亦命東川節度使董璋、楚馬殷，率軍從西、南兩面合圍荊南。〔註55〕形勢一旦如此，荊南無啻於命懸一線。好在其時董璋旨在自保東川，無意東向，楚軍亦止步不前，加上大雨不歇，後唐軍隊中疾疫盛行，所以，荊南才得以保全。但是，據此不難看出，高氏荊南不奉王命、背叛中朝，將會產生何其嚴重的後果。

　　其二，依靠事大政策，高氏荊南拓展了疆域。單憑武力，荊南很難將其疆域由一州擴展開來，但事大政策的推行，卻成功解決了武力未能解決的疆土問題。前面已經提到，包括復州的隸入、監利縣的掌控，乃至夔、忠、萬、歸、峽等州的獲得，均非強取硬奪而來。尤其是監利縣和歸、峽二州的永久性據有，實際上無一不是來自於後梁、後唐的割隸，之所以會有如此結果，關鍵就在於高氏荊南所奉行的事大政策。

　　其三，事大稱臣的政策，也有利於保證可靠的商稅收入來源。高氏荊南的經濟以通商為基本特色，對商稅收入較為依賴，如果與中朝斷絕關係，來自北方的商人自然會急劇減少，徵商所得亦會隨之下滑，甚至直接導致境內的貧乏。所以，穩定保持對中朝的臣屬關係，亦是高氏荊南保障商稅收入的重要前提。正因如此，高從誨與後漢交惡不足一年，便主動「遣使謝罪，乞修職貢」〔註56〕。

四、結語

　　綜括上述，高氏荊南以事大政策為立足點，即以尊崇中原王朝為外交的主導策略，此點與南方未曾稱帝建國的諸政權，普遍執行此種政策，頗相一致。但與其他政權相比，高氏荊南自始至終都保留藩鎮體制，從未公開實施

〔註55〕《資治通鑑》卷275，後唐明宗天成二年二月，第9002頁。
〔註56〕《十國春秋》卷101《荊南二·文獻王世家》，第1444頁。

王國體制，故其事大政策更為突出。雖然其間事大政策屢有中斷，但為時不是太長。藉此而論，事大政策確為高氏荊南立國的根本性政策，特別是後周以降，迫於中原政權力量的日益強大，高氏荊南推行事大政策尤為用力。事大政策的具體內涵即稱臣於中朝，奉其命令，修其職貢。中原政權既視之為藩臣，亦不時加官授爵於高氏五主。憑藉事大政策所包含的政治象徵意義，高氏荊南得以抗衡吳、南唐、楚，有利於自全其境，而且起到了拓展疆域的作用，也有利於穩定徵收南北過境商人的商稅，改善高氏荊南的經濟狀況，的確收到了一石三鳥之效。

原載於《歷史·文化·記憶》第 5 輯，中國地質大學出版社 2012 年版

抗衡諸侯，或和或戰——
五代荊南武信王高季興的縱橫之術 [註1]

　　高氏荊南（又稱「南平」或「北楚」）係五代十國時期南方九國之一，
以今湖北江漢平原腹心及西緣為基本疆域。該區域性割據政權的開創者高季
興（本名季昌，因避後唐莊宗祖父李國昌諱而更名），以追隨朱溫屢獲戰功
之故，於後梁開平元年（907）自荊南留後擢升為節度使。其卒於後唐明宗
天成三年（928）十二月，年七十一；長興元年（930）正月，追封楚王，諡
曰武信。季興入據之初，荊南惟「江陵一城而已」[註2]，而後竟能於干戈
相尋、群雄競逐的四戰之地裂土為王，創業奠基，自立於諸強之間，個中原
因，耐人尋味。傳統史家認為，「五代時高氏保江陵，賴中原多故，稱臣諸
國以延歲月」[註3]。勿庸諱言，季興割據荊南，的確與其時中原政局板蕩
連年而無暇南顧，相鄰南方諸國推行保境息民國策不無關係。但任何政權的
存在，絕無可能單純依靠外在的客觀環境，其先決條件當是統治者在內部採
取的種種合理舉措。因此，荊南「政局穩定與否主要取決於高氏本身的對策
是否得當」[註4]。就該政權初期的自立而論，高季興實施的對內對外策略
尤為關鍵。其間，作為政治延續的外交，亦須攬入分析此一問題的視野。清

〔註1〕 與 2013 級歷史文獻學碩士研究生張曉燕同學合撰。
〔註2〕 （宋）歐陽修：《新五代史》卷 69《南平世家》，中華書局點校本 1974 年版，
　　　　第 856 頁。
〔註3〕 （清）顧祖禹：《讀史方輿紀要》卷 75《湖廣方輿紀要序》，中華書局點校本
　　　　2005 年版，第 3486 頁。
〔註4〕 鄭學檬：《五代十國史研究》，上海人民出版社 1991 年版，第 11 頁。

代史家吳任臣即道:「蕞爾荊州,地當四戰,成、趙相繼,亡不旋踵,武信以一方而抗衡諸國間,或和或戰,戲中原於股掌之上,其亦深講於縱橫之術也哉!」〔註5〕惜語焉不詳,未見申論。以今人眼光審視,其說有無依據?季興之縱橫術又何以表現?作用是否如此?凡此種種,學界迄今尚無專文論及。因此點不唯關乎荊南政權草創之初深層次原因的揭示,牽涉季興及荊南政權的客觀評價,而且又多少能引發今人關於「弱國無外交」命題的重新思考。有鑑於此,本文擬圍繞季興縱橫之術的抉擇、相關內容及影響諸方面略為敷衍,以一窺究竟,並就教於同好。

一、攸關安危存亡的取捨之道

唐末伊始,以兵家要地江陵為中心的荊南鎮即兵連禍結,戰無寧日。梁、唐易代,高季興治下的荊南介於諸國之間,北通後梁(後唐)、南臨馬楚,東接楊吳,西連前蜀,「地狹兵弱」〔註6〕,實力遠遜周邊鄰國,戰爭陰霾長期揮之不去。因此,避免四面樹敵、生靈塗炭、喪師辱國,乃至宗廟傾覆、政毀人亡的結局,自存於強鄰環伺的逼仄空間,自然是治理荊南的頭等要務。季興為治之初,即在招撫流移、醫治瘡痍的基礎上,著手構築相對安全的外部環境,以形成彼此牽制和相互平衡的格局,為荊南在夾縫中求生存創造條件。基於形勢的變化、鄰國實力強弱的差異及其與中原政權關係遠近的不同,針對具體對象,季興在外交策略的抉擇去取方面,相對審慎而周密,亦由此而為縱橫術的實施提供了前提。大致說來,季興的取捨之道表現為如下三種方式。

其一,量權揣情,順勢而為。《鬼谷子·揣篇》有云:「古之善用天下者,必量天下之權,而揣諸侯之情。量權不審,不知強弱輕重之稱;揣情不審,不知隱匿變化之動靜。」荊南的興衰存亡同樣與天下形勢及周邊諸國的實力消長,須臾相關。在與荊南毗鄰的各政權中,中原王朝實力首屈一指,是左右天下形勢與格局的主導力量,其政局是否穩定直接影響同時並存的其他割據勢力的盛衰,特別是境土接壤的各南方小國的存亡興廢。相較而言,荊南又是與中原政權邊境相接諸國中整體實力最弱者,受其政局波動起伏而導致的

〔註5〕 (清)吳任臣:《十國春秋》卷100《荊南一·武信王世家》,中華書局點校本1983年版,第1438頁。
〔註6〕 《新五代史》卷69《南平世家》,第859頁。

變化至為明顯。荊南北部邊境與中朝所轄襄州（治今湖北襄陽市）相接，一馬平川，基本無險可恃，便於兵沖，面臨來自中原政權的軍事威脅極大。因此，在形勢分析和判斷方面，季興最為關注的還是中原政局的變動，並能據以調整行動方案，力圖擺脫中朝控制，割據一方。

後梁太祖在位末年，縱意聲色，諸子爭寵，朝政日紊，梁、晉之爭更熾。值此形勢，「高季昌潛有據荊南之志，乃奏築江陵外郭，增廣之」〔註7〕。史籍又載：「季興以江陵古之重地，又當天下多事，陰有割據之志，乃大興力役，重築城壘。」〔註8〕乾化二年（912）及次年，後梁王室連番內訌，帝位兩度易主，季興跋扈之態亦愈益彰顯，「遂厚斂於民，招聚亡命」〔註9〕。荊南自此加速向獨立王國轉化。

同光元年（923）十月，後唐莊宗滅亡後梁不久，下詔徵諸侯入朝，季興朝於洛陽。〔註10〕雖說朝唐之旅充滿風險，幾近性命不保，但季興在洛陽的所見所聞，卻使其近距離感受到伶宦的貪得無厭以及莊宗的狂妄自大、不恤下情和游畋無度，從而愈加堅定割據的念頭。史載：「高季興在洛陽，帝左右伶官求貨無厭，季興忿之。」〔註11〕返回荊南後，季興即曾對賓佐說：「新主百戰方得河南，對勳臣誇手抄《春秋》，又豎手指云：『我於指頭上得天下。』如此則功在一人，臣佐何有！且遊獵旬日不迴，中外之情，其何以堪，吾高枕無憂矣。」〔註12〕誠如胡三省所說：「帝荒淫驕矜，為鄰敵及奸雄所窺。」〔註13〕因而，「增築西面羅城，備禦敵之具。時梁朝舊軍多為季興所誘，由是兵眾漸多，跋扈之志堅矣」〔註14〕。因莊宗驕奢淫逸，荒於朝政，致使後唐王朝對於南方相鄰政權的威懾力大大減弱，也為荊南暗中聚集力量提供了契

〔註7〕（宋）司馬光：《資治通鑒》卷268，後梁太祖乾化元年閏五月，中華書局點校本1956年版，第8758頁。

〔註8〕（宋）周羽翀：《三楚新錄》卷3，五代史書彙編本，第10冊，杭州出版社點校本2004年版，第6327頁。

〔註9〕（宋）薛居正等：《舊五代史》卷133《高季興傳》，中華書局點校本1976年版，第1751頁。

〔註10〕《新五代史》卷69《南平世家》，第856頁。

〔註11〕《資治通鑒》卷272，後唐莊宗同光元年十二月，第8910頁。

〔註12〕《舊五代史》卷133《高季興傳》，第1752頁。另，（清）繆荃孫輯：《北夢瑣言逸文》卷4《高季昌論唐莊宗》記其語為謂梁震曰。載（宋）孫光憲：《北夢瑣言》，中華書局點校本2002年版，第448頁。

〔註13〕《資治通鑒》卷272，後唐莊宗同光元年十二月胡三省注，第8910頁。

〔註14〕《舊五代史》卷133《高季興傳》，第1752頁。

機，荊南獨立性明顯增強，來自中朝的管控力度大大鬆懈。

其二，集思廣益，決事如流。季興雖出身僕隸，起於行伍，卻深知重用人才對於保全荊南的重要意義，所謂「王雖武人，頗折節好賓客」〔註 15〕，極力延攬才俊，聘請高明。如梁震，後梁初期返蜀途中，「重到渚宮，江路梗紛，未及西泝，淮師寇江陵，渤海王邀致府衙，俾草檄書」〔註 16〕；天成元年（926）四月，莊宗遇弒，季興更加器重梁震。〔註 17〕孫光憲，受梁震所薦，季興「使掌書記」〔註 18〕。即便是對中朝士族子弟，亦是厚禮相待。〔註 19〕甚至「遊士緇流至者無不傾懷結納，詩僧貫休、齊己，皆在所延攬」〔註 20〕。文士之外，季興對武將亦頗器重，倪可福、鮑唐、王保義、梁延嗣等皆是季興網羅而致。如倪可福、梁延嗣原為梁將，季興惜才，將兩人招至麾下，分別委以重任。此外，又以姻親方式籠絡將佐，如倪可福之子知進即娶季興之女為婦，且結之以恩信。〔註 21〕季興對於文士武將的重用，當然有助於激發僚佐大膽言事的風氣。史載：「武信王鎮荊南，（司空）薰與梁震、王保義等偕居幕府，遇事時多匡正。」〔註 22〕來自屬下的意見，對於季興的決策具有重要參考價值。

對於幕僚建議，季興多能從善如流，並結合個人分析果敢決斷。同光元年（923）十月，朝唐之前，為打消梁震等人的疑慮，季興曾分析道：「某事梁祖，僅獲自免，龍德以來，止求安活。我今入覲，亦要嘗之，彼若經營四方，必不縻我。若移入他鎮，可為子孫之福，此行決矣。」〔註 23〕可見，季興此舉實則是在反覆權衡利弊之後得出的結論。儘管其後事態的發展，遠較當初預想的險惡，但其在外交方面決事如流的果敢作風，由此卻不難窺知。而在洛陽期間，莊宗曾就伐吳、伐蜀的問題，試探季興。季興答以「釋吳先蜀」。此番見解，亦源於臣僚建言，即如史載：「唐舍江陵而竟先滅蜀者，亦（司空）

〔註 15〕《十國春秋》卷 100《荊南一・武信王世家》，第 1438 頁。

〔註 16〕《北夢瑣言》卷 7《梁震無祿》，第 167 頁。

〔註 17〕《資治通鑒》卷 275，後唐明宗天成元年四月，第 8979 頁。

〔註 18〕《資治通鑒》卷 275，後唐明宗天成元年四月，第 8979 頁。

〔註 19〕（宋）李昉等：《太平廣記》卷 266《韋薛輕高氏》，中華書局斷句本 1961 年版，第 2087～2088 頁。

〔註 20〕《十國春秋》卷 100《荊南一・武信王世家》，第 1438 頁。

〔註 21〕《資治通鑒》卷 271，後梁均王龍德元年十二月，第 8871 頁。

〔註 22〕《十國春秋》卷 102《荊南三・司空薰傳》，第 1460 頁。

〔註 23〕《北夢瑣言遺文》卷 4《高季昌論唐莊宗》，第 448 頁。

薰一言力也。」〔註24〕

天成三年（928），後唐軍隊進攻荊南，季興欲出城交戰，梁震予以制止。
史載其事曰：

> 朝廷遣夏魯奇、房知溫等領兵來伐。季興登城望之，見其兵少，
> 喜，欲開城出戰，震復諫曰：「大王何不思之甚耶！且朝廷禮樂征伐
> 之所自出，兵雖少而勢甚大，加以四方諸侯各以相吞嗤為志，但恨
> 未得其便耳。若大王不幸，或得一戰勝，則朝廷徵兵於四方，其誰
> 不欲仗順而起，以取大王之土地耶！如此則社稷休矣。為大王計者，
> 莫若致書於主師，且以牛酒為獻，然後上表自劾，如此則庶幾可保
> 矣。不然，則非僕之所知也。〔註25〕

梁震所言是基於形勢分析而做出的正確判斷，其核心在於準確洞悉荊南與中
原王朝、其他諸國之間的關係。依照其理解，倘若荊南直接與後唐對抗，無
論成敗如何，荊南終歸遭遇滅頂之災；是時，惟有對後唐採取妥協退讓之策，
覆亡的風險方能消除。此番分析切中肯綮，故季興欣然予以採納，荊南面臨
的軍事危機隨之化解。

其三，鑒前毖後，反躬自省。決策行為本身就是決策者在綜合大理信息
基礎上，從眾多備選方案中選擇最優選項的舉動，其所針對的是未來。而現
實情況瞬息萬變，其中又夾雜著若干偶然因素。上述情形都不可避免地會影
響既定決策在未來執行中的效果，其結果甚而與決策預想的目標全然相反，
故而決策注定是一項具有一定風險系數的行為。但高明的決策者，貴在於「吃
一塹，長一智」，總能及時吸取前車之鑒，補牢於亡羊之後。就此來說，季興
無疑是其中的佼佼者。

早在季興入據荊南之前，成汭、趙匡凝曾於唐末先後據有其地，但皆為
時不久，前者因耽於征伐、好大喜功、圖謀擴張而兵敗身死，後者則因抵制
朱全忠勢力而被逐出。為免於重蹈覆轍，季興統治荊南後，即針對江陵長期
飽受戰火沖刷後滿目瘡痍、凋弊不堪的狀況，借鑒成汭治理荊南「撫輯凋殘，
勵精為理，通商訓農，勤於惠養」〔註26〕的經驗，著力醫治戰爭創傷，收效

〔註24〕《十國春秋》卷102《荊南三‧司空薰傳》，第1460頁。
〔註25〕（宋）陶岳：《五代史補》卷4《梁震禪贊》，五代史書彙編本，第5冊，杭
　　　　州出版社點校本，第2517頁。
〔註26〕《舊五代史》卷17《成汭傳》，第229頁。

甚快,所謂「招葺離散,流民歸復」〔註27〕,荊南迅速步入戰後重建階段。季興恢復經濟的成效,誠如孫光憲所言:「荊南亂離之後,賴公休息士民,始有生意。」〔註28〕其效法前人而取得施治成功的做法,無疑有利於確保荊南政權內部的穩定,並為其後的發展壯大奠定根基,此亦為其施展縱橫之術的前提條件。

在與後唐關係的處理上,季興一度失策,但在朝唐狼狽歸來之後,季興即謂梁震曰:「不聽君言,幾葬虎口。」〔註29〕後悔當初未能聽從梁震勸告:「朝廷自反正後,有吞併諸侯之心,若我繕甲以自守,猶恐不保其地,況敢拋棄軍國,千里入覲哉。且又今之諸侯,為梁朝舊人者唯公耳,安知朝廷不以讎敵相待耶?幸望圖之,無使懷王之患,復見於今日也。」〔註30〕其時,後唐勢頭正勁,荊南地狹兵弱,避之唯恐不及,加之季興本係後梁舊人,故其此際入朝洛陽的計劃的確有欠周密。隨後發生的事實證明,梁震所言不虛。不過,難能可貴的是,季興能通過此次屈身受辱的經歷吸取教訓,反躬自省,形成對中原王朝的正確認識,並調適與之交往的政策,以期緩解來自中原王朝的壓力。

二、「相益則親,相損則疏」的縱橫術

在五代十國多元政權林立的情況下,受各自利益要求的主導,諸國在與鄰國關係的處理上自有主張,在此基礎上構築的外交網絡整體上具有複雜多變的特點。由於地理區位特殊,荊南國勢既受其時總體環境的明顯制約,同時又影響及於周邊局勢的變動。基於此,針對鄰國的具體情況,季興奉行「相益則親,相損則疏」的原則,實施靈活多樣、不拘一格的外交手段,可謂深諳縱橫術之精要。

1. 奉事中朝,時叛時服。唐代末年,在以求自保的藩鎮內,即已出現「禮藩鄰,奉朝廷,則家業不墜」〔註31〕的說法。唐、梁易代之際,馬殷、錢鏐與王審知仍然沿襲稱臣納貢中朝的做法,周旋於諸般勢力之間。高季興本為

〔註27〕《舊五代史》卷133《高季興傳》,第1751頁。
〔註28〕《資治通鑒》卷275,後唐明宗天成元年四月,第8980頁。
〔註29〕《三楚新錄》卷3,第6327頁。
〔註30〕《三楚新錄》卷3,第6327頁。
〔註31〕 (宋)歐陽修、宋祁:《新唐書》卷211《王廷湊附紹鼎傳》,中華書局點校本1975年版,第5962頁。

朱全忠幹將，稱臣後梁，不甘人後。〔註32〕朱梁立國的當年五月，季興貢質狀百味的瑞橘數十顆於梁。〔註33〕荊南的事大政策，發端於此。然而，季興並非一以貫之地奉行事大政策，而是一度有所反覆，迭有變更，其過程大致可分為四個階段：

第一階段，自後梁太祖開平元年（907）五月至後梁末帝乾化二年（912）十二月，此為事大政策初步推行階段。後梁太祖在位期間，季興尚能忠實於藩鎮本分，謹遵朝命。不僅時修職貢，而且還奉命出師征討。如開平元年（907）十月，高季興奉詔遣倪可福會同楚將進攻朗州。但後梁太祖末年，政事日壞，季興逐漸萌生割據之念，事大政策的執行力度相對減弱，並於乾化二年（912）閏五月，開始築城修樓，欲為自全之計。〔註34〕次年六月，郢王朱友珪弒父襲位。高季昌遂加快割據的步伐。

第二階段，自後梁乾化二年（912）十二月至貞明三年（917）四月，此為放棄事大政策、自守一方階段。此次轉變始於乾化二年（912）十二月，季興以助梁伐晉的名義，進攻襄州，「自是朝貢路絕」〔註35〕。事大政策暫時中止。次年九月，又大造戰艦，招納亡命，反叛之狀愈益彰顯。〔註36〕此後，季興東通於吳，西通於蜀，未嘗稱臣於任何一方，荊南已然成為獨立的小王國。後梁政局不穩，對此無可奈何。

第三階段，自後梁貞明三年（917）五月至後唐明宗天成三年（928）六月，此為重拾事大政策並再度背叛中朝階段。貞明三年（917）五月，季興主動與山南東道節度使孔勍修好，重新稱臣於後梁，復通貢獻，〔註37〕恢復事大政策。此後，直至後梁滅亡，荊南奉事中朝的政策未曾改變。

後唐建立後，莊宗遣使宣諭諸道，後梁所除節度使五十餘人皆上表入貢。高季昌避唐廟諱，改名季興；並不顧梁震勸諫，執意入洛陽朝覲莊宗。僥倖歸來後，認為莊宗矜伐自大，又荒畋放縱，不必為慮，「乃繕城積粟，招納梁舊兵，為戰守之備」〔註38〕。由此可見，莊宗在位期間，儘管高季興表面臣

〔註32〕《北夢瑣言逸文》卷2《高季昌推崇梁王》，第402～403頁。
〔註33〕《舊五代史》卷3《梁太祖紀三》，第52頁。
〔註34〕《資治通鑑》卷268，後梁太祖乾化二年閏五月，第8758頁。
〔註35〕《資治通鑑》卷268，後梁太祖乾化二年十二月，第8764頁。
〔註36〕《資治通鑑》卷268，後梁均王乾化三年九月，第8776～8777頁。
〔註37〕《資治通鑑》卷269，後梁均王貞明三年五月，第8815頁。
〔註38〕《資治通鑑》卷272，後唐莊宗同光元年十二月，第8910頁。

屬於唐，似無二心，但私下卻不斷擴充軍備，壯大實力，割據之心猶存。

同光（923～926）、天成（926～929）之際，季興經多次奏請，終於獲得唐荊南鎮原管轄郡夔、忠、萬、歸、峽五州。後因劫奪伐蜀財寶、搶佔夔州和進攻涪州的軍事行動，觸怒明宗。天成二年（927）二月，後唐出師討伐，荊南與後唐關係徹底破裂。兵臨城下，季興方知事態嚴重，是年五月，請求稱臣於吳，遭徐溫拒絕；〔註39〕九月，季興轉而又遣使持書乞修貢奉於後唐，明宗詔令不納。〔註40〕爭取稱臣後唐而不果，標誌荊南重行事大政策的道路已然被堵死。季興遂「復請稱藩于吳」〔註41〕，終獲許可，「遂以荊、歸、峽三州臣于吳，吳冊季興秦王」〔註42〕。這次改圖，恰值後唐出兵討伐荊南之時，季興向吳稱臣的目的，應該是希望藉此獲得淮南軍隊的支持與援助。

第四階段，自吳睿帝乾貞二年（928）六月至是年十二月，此為奉吳正朔階段。在稱臣於吳的當年十二月，季興病逝。換言之，高季興外交政策的第四階段，僅有半年時間，效果有限。

2. 睦鄰修好，懷柔遠方。除奉事中朝外，季興亦有意與南方諸國形成睦鄰友好關係。即便是邊境並不接壤的南漢、閩等，也時有往來，聲氣相通。荊南的睦鄰政策，是依據自身所處的特定環境而做出的外交選擇。其介於諸國之間，面臨的生存威脅也最為嚴重，尤其是當荊南與中朝關係陷入僵局時，妥善處理與鄰國間的關係，利用與其交好的鄰邦以牽制中朝的進攻，無疑是捍衛自身安全的有效手段。大致說來，高氏荊南睦鄰政策的內容，主要包括下述三點：

首先是交結、依附南方強國。在南方諸國中，割據於淮南與兩川的吳、南唐與前、後蜀，實力相對雄厚，且均與中朝對峙。正因如此，故荊南在與中朝交惡時，季興往往有意與淮南、兩川政權交好。原因在於，荊南「介群雄之間，形勢不便，而寡弱固無能為也」〔註43〕。

後梁乾化二年（912）十二月，季興興兵進攻襄州，被後梁山南東道節

〔註39〕《資治通鑑》卷275，後唐明宗天成二年五月，第9005～9006頁。《十國春秋》卷100《荊南一·武信王世家》亦載，略與此同。第1435～1436頁。

〔註40〕《舊五代史》卷38《唐明宗紀四》，第527頁。

〔註41〕《資治通鑑》卷276，後唐明宗天成三年六月，第9020頁。

〔註42〕《新五代史》卷69《南平世家》，第857頁。

〔註43〕（清）王夫之：《讀通鑑論》卷28《五代上》，中華書局點校本1975年版，第1014～1015頁。

度使孔勍擊敗，遂拒絕朝貢於後梁。〔註44〕隨後，季興潛力擴充軍備，積蓄力量，圖謀割據，自王一方。儘管後梁末帝乾化三年（913）正月，吳軍攻打荊南未遂，但因已失去中朝庇護，荊南必須重新尋求強援作為後盾，故季興於當年九月，與吳、蜀交結，〔註45〕形成盟友關係。貞明五年（919）五月楚攻荊南時，荊南求救於吳，〔註46〕吳派遣水軍援助，由此可見荊南與吳的關係相對密切。後唐明宗天成二年（927）三月，荊南遭到後唐軍隊進攻，「高季興堅壁不戰，求救於吳，吳人遣水軍援之」〔註47〕。為鞏固與吳的關係，以抵禦後唐兵鋒，當年五月，季興「請舉鎮兵自附於吳」，吳權臣徐溫認為：「高氏事唐久矣，洛陽去江陵不遠，唐人步騎襲之甚易，我以舟師泝流救之甚難。」〔註48〕遂拒絕荊南稱臣請求。不過，雙方仍有合作，所謂「荊南拒命，通連淮夷」〔註49〕。天成三年（928）四月，吳軍欲進攻楚國岳州，邀約荊南共同出擊。〔註50〕吳乾貞二年（928）六月，「高季興復請稱藩于吳，吳進季興爵秦王」〔註51〕。荊南自此奉吳正朔，即如史載：「季興臣於楊溥，受偽爵命。」〔註52〕

另據史籍記載，後漢乾祐三年（950），在湖南馬希廣、馬希萼兄弟相爭之時，荊南與南唐、南漢甚至還有聯合準備分割湖南的打算。馬希廣在向後漢上奏時就說到：「又探得荊南繼差人下淮南與廣州，三處結構，荊南欲取澧、朗州，廣南攻桂州，淮南欲取湖南。」〔註53〕

其次是拉攏、結盟於楚。地處荊南南面的馬楚政權，曾於後梁開平元年（907）夥同朗州節度使雷彥恭，聯合進攻荊南，故而荊南與楚在後梁期間屢有磨擦。及至後唐天成二年（927）二月，明宗命楚馬殷派軍自南面攻打荊南，但馬殷卻遲遲按兵不動。直到次年五月，楚馬殷才奉命遣將配合後唐軍隊進

〔註44〕《資治通鑒》卷268，後梁太祖乾化二年十二月，第8764頁。
〔註45〕《資治通鑒》卷268，後梁均王乾化三年九月，第8776～8777頁。
〔註46〕《資治通鑒》卷270，後梁均王貞明五年五月，第8845頁。
〔註47〕《資治通鑒》卷275，後唐明宗天成二年三月，第9004頁。
〔註48〕《資治通鑒》卷275，後唐明宗天成二年五月，第9005頁。
〔註49〕《舊五代史》卷39《唐明宗紀五》，第535頁。
〔註50〕《資治通鑒》卷276，後唐明宗天成三年四月，第9017頁。
〔註51〕《資治通鑒》卷276，後唐明宗天成三年六月，第9020頁。
〔註52〕（宋）王欽若等：《冊府元龜》卷178《帝王部·姑息三》，中華書局影印本1960年版，第2143頁。
〔註53〕（清）董誥等編：《全唐文》卷129，（五代）馬希廣：《請發兵擊朗州奏》，中華書局影印本1983年版，第1299頁。

攻荊南,並在劉郎洑大敗荊南軍隊,又趁勢進逼江陵,季興求和,楚軍乃止。

最後是交好南漢、閩與吳越。此三者與荊南並非鄰國,但荊南仍與其有所交往。南漢、閩、吳越與荊南的友好關係,相當程度上依賴於朝貢之路而建立。後梁末帝貞明二年(916)五月,「吳越王錢鏐遣浙西安撫判官皮光業自建、汀、虔、郴、潭、岳、荊南道入貢」〔註54〕。自吳稱帝以後,因南漢、閩、楚「皆奉梁正朔,歲時貢奉,皆假道荊南」〔註55〕。司馬光亦言:「初,荊南介居湖南、嶺南、福建之間。」胡三省注曰:「此語專為三道入貢過荊南發。」〔註56〕正是基於朝貢之路的特殊地理位置,荊南得以與上述三國保持較為密切的往來。以南漢為例。劉巖僭號之前,曾於後梁貞明二年(917)派遣「王定保來聘」〔註57〕。可知,荊南與南漢已有聯繫。後漢末年,湖南諸馬相爭之際,荊南又遣使至南漢,密謀共同出兵湖南,夥同南唐瓜分湖湘。〔註58〕

3. 離間構怨,靜觀其變。事大稱臣旨在以強援為後盾牽制敵對勢力,交好鄰邦的目的則是避免腹背受敵之虞。在此以外,季興還曾使用離間術試圖削弱馬楚實力,以解除來自南方鄰國的軍事壓力。史載:

> 初,楚王殷用都軍判官高郁為謀主,國賴以富強,鄰國皆疾之。……高季興亦以流言間郁于殷,殷不聽,乃遣使遺節度副使、知政事希聲書,盛稱郁功名,願為兄弟。使者言於希聲曰:「高公常云『馬氏政事皆出高郁』,此子孫之憂也。」希聲信之。〔註59〕

其後,高郁果為馬希聲殺害,馬楚不久即陷入諸子紛爭的局面,終亡於南唐,湖南再度淪為分崩離析之區。繼之而起的湖南周行逢政權,已不足與荊南相較短長。

此外,朝唐之時,季興之所以勸莊宗伐蜀,並非僅僅因為,「蜀地富民饒,獲之可建大利,江南國貧,地狹民少,得之徒無益」〔註60〕。而是出於荊南安危考慮,有意慫恿後唐進軍易守難攻的前蜀,以此消耗後唐實力。同光二

〔註54〕《資治通鑒》卷267,後梁均王貞明二年五月,第8803頁。
〔註55〕《新五代史》卷69《南平世家》,第859頁。
〔註56〕《資治通鑒》卷287,後漢高祖天福十二年八月及胡三省注,第9375頁。
〔註57〕《十國春秋》卷100《荊南一·武信王世家》,第1430頁。
〔註58〕《舊五代史》卷103《漢隱帝紀下》,第1369頁。
〔註59〕《資治通鑒》卷276,後唐明宗天成四年八月,第9031頁
〔註60〕《十國春秋》卷100《荊南一·武信王世家》,第1432頁。

年（923）三月，後唐封季興南平王。季興極為明瞭此舉意圖，謂梁震曰：「此恐吾與蜀連衡也。」〔註61〕時隔未久，「莊宗伐蜀，季興私自喜曰：『此吾以計紿之，彼乃信而用耳。』……及蜀破，書至，季興方食，落箸而歎曰：『此吾之失計也，所謂倒持太阿，授人以柄』」〔註62〕。荊、蜀勢同唇齒，季興本以為後唐難有勝機，不料後唐出師兩月有餘，即消滅前蜀，荊南形勢自然危急，此即季興所謂「倒持太阿，授人以柄」。然而，後唐取得伐蜀之役勝利不久即陷入內亂，荊南再次免遭劫難。

4. 疆場兵敗，不恥屈節。五代十國，興亡以兵，相鄰政權間的軍事衝突無可避免。季興在位期間，荊南與周邊軍事實體都曾產生過軍事衝突，其中與中原王朝的後梁 1 次，後唐 6 次；馬楚 9 次；淮南 2 次；前蜀 2 次。〔註63〕然而，囿於自身實力不濟，上述戰爭荊南難求一勝。值此情勢，季興並不一味以力相拼，形勢危殆之時，則往往運用求和手段，消弭戰火。如後梁開平二年（908）九月，荊南「遣兵屯漢口，絕楚朝貢之路；楚王殷遣其將許德勳將水軍擊之，至沙頭，季興懼而請和。」〔註64〕後唐天成二年（927）五月，馬楚中軍使史光憲奉命入貢後唐，攜明宗回賜「駿馬十匹，美女二」，返程經過江陵時，季興「執光憲而奪之」〔註65〕。次年三月，馬殷率軍親征，大敗荊南軍隊於劉郎洑（今湖北石首市西北長江北岸），高季興勢蹙求和，送還史光憲和禮物，馬殷勒兵而歸。〔註66〕同年六月，季興稱臣於吳，後唐命馬殷統兵討伐，馬楚再度舉兵進攻荊南。季興從子高從嗣率軍迎擊，被斬於陣前，高季興懼而請和。〔註67〕與求和之策相類似的還有稱臣之舉，季興或奉中朝正朔，或交通吳、蜀，甚至稱臣於吳，始終以藩臣自處，而不以屈節為恥。求和、稱臣，往往為士君子所不屑，看似屈辱，滑稽可笑，但此舉終究使高氏荊南得以保全，使黎民免遭塗炭，這何嘗又不是實力不濟之時，自保一方的明智之舉呢？因此，與其裝出一副合乎正道的強國形象，以力相拼而慘遭覆滅，

〔註61〕《十國春秋》卷 100《荊南一·武信王世家》，第 1433 頁。
〔註62〕《三楚新錄》卷 3，第 6328 頁。
〔註63〕參見拙著：《高氏荊南史稿》，臺灣花木蘭文化出版社 2015 年版，第 190～193 頁。
〔註64〕《資治通鑑》卷 267，後梁太祖開平二年九月，第 8704 頁。
〔註65〕《資治通鑑》卷 275，後唐明宗天成二年五月，第 9005 頁。《十國春秋》卷 100《荊南一·武信王世家》亦載，略與此同。第 1435 頁。
〔註66〕《資治通鑑》卷 276，後唐明宗天成三年三月，第 9015 頁。
〔註67〕《資治通鑑》卷 276，後唐明宗天成三年六月，第 9020 頁。

倒不如屈節稱臣，自保其境。兩種不同的選擇，呈現出兩種不同的結果，孰優孰劣，高下立判。

三、「深講縱橫之術」的收效

季興以縱橫之術巧妙周旋於諸國之間，在外部空間構築出彼此制衡的格局。正是得益於周邊力量的相對均勢，荊南政權的鞏固與發展也在下述方面得到具體體現。

1. 消兵弭患，保有其境。季興利用奉事中朝而建立的臣屬關係，能有效避免中朝、吳、前蜀的攻擊，並起到震懾其他相鄰勢力，使之不至於貿然加兵荊南的作用。之所以後唐一舉克平關山阻隔、富極一時的前蜀，而未剗除毗鄰而居、「地狹兵弱」的荊南；吳、前蜀、楚與荊南迭有戰事，卻皆存之而不取，雖然其中皆不乏以其地為緩衝的戰略意圖，但至為關鍵之處則在於季興「奉事中國」政策的執行。惟因如此，故「卒然犯之，其名不祥」〔註68〕。並且，這種去虛名而務實效的政策，恰恰是荊南得以立足的前提。故此，在與中朝發生尖銳對立時，荊南常常通過多種渠道表達稱臣意願，負荊請罪，乞修職貢，其目的即在於鞏固中朝藩屬國的地位。

反之，若在中朝政局穩定之時，荊南改奉正朔，則極易招致中原政權的兵戈相向，而且中朝往往號令與荊南相鄰的其他勢力，共同出兵圍剿。如天成二年（927）二月，明宗下令討伐荊南，在派遣後唐軍隊的同時，亦命東川節度使董璋、楚馬殷，率軍從西、南兩面合圍荊南。〔註69〕形勢一旦至此，荊南無啻於命懸一線。好在其時董璋圖謀自保，無意東向，楚軍亦止步不前，加上大雨不歇，後唐軍隊士卒疾疫盛行，以至荊南方得保全。但是，據此不難看出，荊南不奉王命、背叛中朝，將會產生極其嚴重的後果。

當然，在推行「事大」政策的同時，季興亦能注重與周邊政權建立睦鄰友好關係，以求得多方支持和庇護，並牽制打擊相鄰勢力的入侵。就荊南與楚的關係而言，後梁時期兩國屢有衝突，幾乎每次又都以荊南的求和而止，兩國之間卻並未因和戰的反覆而中斷聯繫，總體上依然和睦。再以荊南與吳的關係為例，後梁貞明五年（919）五月，楚進攻荊南，季興求救於吳，吳派

〔註68〕（宋）史溫：《釣磯立談》，五代史書彙編本，第 9 冊，杭州出版社點校本 2004
　　　　年版，第 5011 頁。
〔註69〕《資治通鑒》卷 275，後唐明宗天成二年二月，第 9002 頁。

遣兩路大軍分別出師潭州、復州，楚軍不戰而退。〔註70〕後唐天成二年（927）三月，明宗命劉訓率軍進抵荊南，楚將許德勳亦屯兵岳州，荊南危在旦夕，「高季興堅壁不戰，求救於吳，吳人遣水軍援之」〔註71〕。這是吳軍援助荊南的事例。也有荊南應吳之約，共同出兵進攻他國的戰例。天成三年（928）四月，吳將苗璘、王彥章率水軍萬人慾攻打楚國岳州，「吳人進軍荊江口，將會荊南兵」，擬聯兵出擊，結果為楚軍所敗，吳軍鎩羽而歸。〔註72〕上述事例雖說結果頗不一致，但荊南與鄰邦的友好關係顯然有助於阻止敵對勢力的入侵，乃至驅逐外來勢力，以確保境土安全。

2. 開疆拓土，底定三州。季興統治荊南期間，終後梁一朝，僅轄荊州一地。後唐明宗初年，始將歸、峽二州納入版圖，其疆域範圍漸致確定為荊、歸、峽三州。不過，歸州和峽州的取得，並非憑恃武力而致，相當程度上仍應歸功於縱橫之術的實施。

歸、峽二州舊屬荊南鎮，唐昭宗天復三年（903），成汭敗亡，西川王建趁勢掠取荊南原管屬郡，歸、峽在其內。〔註73〕後梁開平元年（907），王建稱帝建立建蜀，歸、峽仍在其治下。乾化四年（914），季興上峽攻蜀，意圖奪取二州，〔註74〕但兵敗未遂。自此直至後梁亡國，歸、峽轄於前蜀的情形無所更改，誠如《冊府元龜·宰輔部，貪黷》所言：「朱梁以高季興鎮荊州，與王建爭夔、峽，竟不能復。」〔註75〕同光三年（925）十一月，後唐滅前蜀。伐蜀期間，「季興請以兵入三峽，莊宗許之，使季興自取夔、忠、萬、歸、峽等州為屬郡，及破蜀，季興無功，而唐用佗將取五州。」〔註76〕是以包括歸、峽在內的五州悉為後唐所取。

因奉後唐正朔，同光四年（926）二月，季興再次奏請劃割峽內原管屬郡隸歸當道。此請獲許，詔命未下，莊宗被弒，明宗入立。天成元年（926）六月，季興第三次奏請後唐朝廷割歸原管，所謂「王表求夔、忠、萬、歸、峽五

〔註70〕《資治通鑑》卷270，後梁均王貞明五年五月，第8845～8846頁。

〔註71〕《資治通鑑》卷275，後唐明宗天成二年三月，第9004頁。

〔註72〕《資治通鑑》卷276，後唐明宗天成三年四月，第9017頁。

〔註73〕曾育榮：《五代十國時期歸、峽二州歸屬考辨》，《湖北大學學報》2008年第3期。

〔註74〕《新五代史》卷69《南平世家》，第856頁。

〔註75〕《冊府元龜》卷338《宰輔部·貪黷》，第3998頁。

〔註76〕《新五代史》卷28《豆盧革傳》，第303頁。

州於唐為屬郡」〔註77〕，明宗許之。五州由此隸屬荊南，歸、峽在其內。儘管天成三年（928）至次年，歸州歸屬曾一度有所變更，但至長興元年（930），歸州重入荊南，荊南自此以荊、歸、峽三州為基本疆域範圍。後晉、後漢、後周三朝沿而弗改，並一直延續到北宋乾德元年（963）荊南降於北宋。

通過以上考察不難發現，僅憑荊南並不突出的軍事實力，顯然不足以解決歸、峽二州的回歸問題。在武力因素之外，季興最終能得償所願，重獲二州，底定版圖，憑藉的正是奉事中朝而建立的臣屬關係。設若荊南與中朝處於對立狀態，兩者之間並無宗主與藩屬的關係，季興的上述三次奏請，並無成功之可能，歸、峽二州亦不可能通過此種方式兵不血刃地納入荊南管轄範圍。故而，疆域的最終形成，同樣有賴於縱橫之術的施展。

3. 徵商取財，資給國用。荊南地處吳越、閩、南漢與楚自陸路朝貢中朝的必經要道上，這種得天獨厚的地理條件，既為荊南與南方諸國的交往提供了極大便利，又為季興利用江陵處於南北交通樞紐的優越位置，徵收過往商旅以資國用創造了機會。如前所述，後梁乾化二年（912）十二月，季興斷絕朝貢，直至貞明三年（917）四月復通貢獻，荊南與中朝的對峙前後達四年之久。雖然史籍脫載季興重新恢復臣屬中朝的原因，但從其後嗣者高從誨與後漢斷絕關係後，一直依賴商稅收入的荊南，竟然出現「北方商旅不至，境內貧乏」的情形推斷，徵商所得的減少，同樣應該是季興不得不重拾事大政策的緣由。

當然，季興取財並不限於正常的徵商之舉。即使南方諸國入貢，途經江陵，季興也往往將其貢物掠為己有，楚國貢使史光憲就有被荊南劫持的事實。〔註78〕類似情形不唯有此一例，即如史載：「初，荊南介居湖南、嶺南、福建之間，地狹兵弱，自武信王季興時，諸道入貢過其境者，多掠奪其貨幣。及諸道移書詰讓，或加以兵，不得已復歸之，曾不為愧。」〔註79〕甚至中朝財物經過江陵，季興也不忘撈上一把。如後唐伐蜀後，「魏王繼岌遣押牙韓珙等部送蜀貨金帛四十萬，浮江而下，季興殺珙等於峽口，盡掠取之。朝廷詰之，對曰：『珙等舟行下峽，涉數千里，欲知覆溺之故，自宜按問水神』」〔註80〕。

<hr>

〔註77〕《十國春秋》卷100《荊南一‧武信王世家》，第1434頁。
〔註78〕《資治通鑑》卷275，後唐明宗天成二年五月，第9005頁。
〔註79〕《資治通鑑》卷287，後漢高祖天福十二年八月，第9375頁。
〔註80〕《資治通鑑》卷275，後唐明宗天成二年二月，第9002頁。

此次所得頗為豐厚，史載：

> 同光中，莊宗遣平蜀，得王衍金銀，命悉熔之為金磚銀磚。約
> 重三百斤，一磚開一竅，二人擔之，上有匠人名曰「馮高」。過荊南，
> 高季興曰：「馮高，主屬我。」坑官吏，持而有之，儲為一庫。皇朝
> 建隆中，金銀入京師，斤兩封緘如故。〔註81〕

這種劫奪過往貲財的行徑，以君子大義裁之，看似與打家劫舍的強盜並無二
致，但正如王夫之所言：

> 中國之雄傑，鄙夷而姍笑之，乃不知其竊笑羣雄者之尤甚也。
> 夫其為術，抑有可以自立之道焉。季興以盜掠諸國之貢享而得
> 貨……其以繕城郭、修甲兵、養士卒者，皆取給於他國無名之饋遺，
> 而不盡苦剝其民，則民得以有其生而兵不匱。〔註82〕

季興「盜掠諸國之貢享」的做法，較之盡剝其民以奉軍國的其他政權而言，
未嘗不是有益於紓蘇民困之舉。唯因關注民生，季興深孚民望，及其朝唐夜
歸，「將吏父老出迎於郊外」〔註83〕。由此亦可看出，季興縱橫之術的徵商取
財收效，客觀上又起到收買民心、穩固政權基礎的作用。

四、餘論

　　通過以上相關分析可知，因荊南地狹民貧，國力孱弱，四面諸強雄恃，
倘若缺乏合適的戰守之策，該政權難免成為列強的盤中之餐。故在充分洞察
上述形勢的基礎上，季興以其過人的智識，廣泛吸納幕僚建言，運籌帷幄，
謹慎決策，抗衡諸侯，或和或戰，為荊南初期的割據構建出相對均勢的外部
空間，並藉以達到消弭兵患、底定版域、徵商取財的實際收效。藉此而論，荊
南能在多元政權林立的夾縫中自王一方，季興縱橫之術的施展當為其中至為
重要的原因之一，其積極意義不容忽視。

　　更進一步，該論題的價值或許並非僅限於荊南立國緣由與季興地位的探
討，似仍有延伸的餘地，此即「弱國無外交」話題的引入。如所周知，大量的
歷史事實和風雲變幻的國際政治實踐，一再昭示強國扮演國際關係主角的法
則。在此鐵律之下，弱國對多邊關係的影響無足輕重，後者更是通常性地淪

〔註81〕（宋）李石：《續博物志》卷10，文淵閣四庫全書本，第1047冊，臺灣商務
　　　　印書館1986年版，第974頁。
〔註82〕《讀通鑑論》卷29《五代中》，第1058～1059頁。
〔註83〕《三楚新錄》卷3，第6327頁。

為前者支配的對象。但若以此視角考察季興的縱橫之術，該命題顯然未必匹配，甚而多少相悖。對此又該如何解釋？

不可否認的是，季興針對荊南面臨的內外困局，運用縱橫之術為政權贏得了生機，的確有其過人之處，值得肯定。但深入追究，季興的縱橫術實則是依託於具體歷史條件的產物，其時特殊的社會形勢為縱橫術的出臺留下了餘地。舉其大者，不外乎以下三方面：

其一，中原政權實力削弱，自保不暇，是導致其時大江南北，政權林立、帝制自為現象的根源所在。誠如史載：「唐室既衰，五季迭興，五十餘年，更易八姓，寓縣分裂，莫之能一。」〔註84〕史家又言：「自唐末亂離，海內分割，荊、湖、江、浙，各據一方，翼子貽孫，多歷年所。夫如是者何也？蓋值諸夏多艱，王風不競故也。」〔註85〕所以，荊南其實「不過是分裂割據下出現的特殊情況」〔註86〕。此點當是縱橫術得以施展的大背景。

其二，處於特殊地理位置的荊南，其安危存亡與相鄰南方諸國息息相關。其間因果，確如楚將王環所言：「江陵在中朝及吳、蜀之間，四戰之地也，宜存之以為吾扞蔽。」〔註87〕即視荊南為扞蔽中原王朝、吳、蜀兵鋒的緩衝之地，故有「湖南、荊南輔車相依」〔註88〕的說法。季興縱橫術的推行，同樣不能忽視上述條件。

其三，南方諸國的保境息民政策，也是荊南得以存在的因素之一。如西面的前蜀，其以夔門之險為國之東門，無意揮師三峽地區，傾覆荊南政權。〔註89〕東面的淮南政權，在南唐取代楊吳之後，奉行保境息民國策，不願加兵南方諸國，其意在於「乃外以為蔽障者也」〔註90〕。此點亦與季興縱橫術的實施存在關聯。

上述數端，無疑為季興縱橫之術的實施開闢了空間。唯有在這種非常態的歷史條件下，憑藉縱橫之術的左右逢源，荊南方能以弱國姿態運行於其時風雲激蕩的社會舞臺上。然而，「從發展的觀點看，分裂割據有越來越削弱的

〔註84〕（元）脫脫等：《宋史》卷85《地理志一》，中華書局點校本1985年版，第2093頁。
〔註85〕《舊五代史》卷133《世襲列傳》「史臣曰」，第1775〜1776頁。
〔註86〕陶懋炳：《五代史略》，人民出版社1985年版，第177頁。
〔註87〕《資治通鑒》卷276，後唐明宗天成三年三月，第9015〜9016頁。
〔註88〕《資治通鑒》卷275，後唐明宗天成二年五月丁卯胡三省注，第9005頁。
〔註89〕《資治通鑒》卷269，後梁均王乾化四年八月，第8784頁。
〔註90〕《釣磯立談》，第5011頁。

趨勢，統一集權有越來越加強的趨勢，而這種彼弱此強的最主要的變化，發生在五代、北宋之交」〔註91〕。因此，在趙宋政權掀起統一浪潮，並不斷將其推向高潮之際，荊南賴以存在的歷史條件已一去不復返，覆亡的命運已然不可避免，正所謂「皮之不存，毛將焉附」？「弱國外交」的路途亦隨之終結。而其留給今人的啟示則在於：分裂自古以來即是中國歷史的異化，其間的種種作為或許能收一時之效，但注定不會長久，基於自身強大而形成的統一浪潮永遠是中國社會發展的主航向，任何人都無力左右！

原刊於《決策與信息》2016 年第 3 期。

〔註91〕胡如雷：《中國封建社會形態研究》，生活·讀書·新知三聯書店 1979 年版，
　　　　第 407 頁。

五季宋初政治變革及其演進趨勢論析

　　唐宋之際是中國傳統社會發展進程中的一大轉捩期，學界謂為唐宋轉型或唐宋社會變革。所謂「華夏民族之文化，歷數千載之演進，造極於趙宋之世」〔註1〕。「故天水一朝之文化，竟為我民族遺留之環寶。」〔註2〕宋代在政治、經濟、文化等領域，展示出獨特的歷史氣象，透射出傳統國家走向成熟後的種種形態，異於此前漢唐諸朝，又為元、明、清各代所承襲。史實表明，由唐至宋，中國傳統社會的確發生了結構性的變遷。而為了探索唐宋轉型的歷史真相，學者們紛紛將研究觸角伸向唐宋之際社會的多個側面及其相關層次，新知新說，摩肩接踵，筆耕之作，不可勝計。但就學界研究狀況而論，所涉方面畢竟有輕有重。以近二十年言之，業師葛金芳先生指出，宋史研究中存在著「詳於經濟而略於政治」，而政治史又往往以官制沿革的探討作為重點的現象，〔註3〕所言極是。落實到唐宋轉型學說的研究中，五季宋初的政治沿革理應成為備受矚目的關鍵性問題，而檢討五季宋初政治演進的趨勢，則是唐宋變革期研究的題中應有之義。因此本文擬以五季至宋初〔註4〕之政治變

〔註1〕 陳寅恪：《金明館叢稿二編》，生活・讀書・新知三聯書店2001年版，第277頁。
〔註2〕 陳寅恪：《寒柳堂集》，生活・讀書・新知三聯書店2001年版，第182頁。
〔註3〕 葛金芳師：《張其凡著〈宋初政治探研〉評介》，《中國史研究動態》1997年第5期。
〔註4〕 本文五季至宋初的時間概念，限於後周太祖、世宗、趙宋太祖、太宗時期，即從公元951年至997年，近半個世紀。其間，周恭帝在位僅半年，「主少國疑」，缺乏作為，姑置不論。而將時間下限定於宋太宗，首先是因為宋人言「祖宗之法」，實指太祖和太宗二朝所定下的立國之規，終宋之世幾被奉行不渝；其次是因為宋代的「積貧積弱」「守內虛外」局面，開始形成於宋太宗時期，並在此後長久地影響於兩宋政治。參見張其凡師《從高梁河之敗到雍熙北征》，《華南師

革作為考察對象，力求通過全面解析後周太祖、世宗和北宋太祖、太宗這四位君王的政治改革活動，探究該時期政治演進的主要趨勢及其對中國社會歷史進程所產生的影響。

回顧和爬梳前人成果，不難發現，學界前賢多將研究重點置於對四位君王的評價以及對單個帝王改革活動的探討上。如稱後周太祖郭威「對民眾有點益處，在五代時，確是一個難得的好皇帝」〔註5〕，「是一位才幹出眾、果斷而善於謀略的君主」〔註6〕；周世宗柴榮「才識過人，氣魄出眾，五代諸帝無與倫匹」，「自唐太宗之後，迄於兩宋，帝王中無出柴世宗之右者」〔註7〕，「是中國封建帝王中傑出的政治家和軍事家」〔註8〕；宋太祖趙匡胤「是一個有功勞的人物」〔註9〕；宋太宗趙光義則是「中國歷史上一位傑出的帝王」〔註10〕。在歷史潮流的推動下，上述四位君主先後踏上了旨在清除唐末以降弊政的改革之路。上世紀80年代以來，汪槐齡、任崇岳、史蘇苑、徐明德、唐兆梅等先生，先後評議周世宗改革，見仁見智。〔註11〕漆俠、鄧廣銘、張家駒等宋史大家，早在上世紀50年代即對宋初開國之君——趙匡胤的歷史業績作出了評述，為後來此類內容的研究廓清了眉目。〔註12〕汪槐齡、張其凡師、王瑞來等學界前輩，則致力於研究宋太宗時期的政治生活，客觀考察了宋太宗的改革舉措，解決了宋太宗改革的歷史定位問題。〔註13〕惟後周太祖郭威的改革長期淡出於人

大學報》1983年第3期；汪槐齡《論宋太宗》，《學術月刊》1986年第3期。

〔註5〕范文瀾主編：《中國通史》第3冊，人民出版社1985年版，第347頁。

〔註6〕鄭學檬：《五代十國史研究》，上海人民出版社1991年版，第105頁。

〔註7〕陶懋炳：《五代史略》，人民出版社1985年版，第347頁。

〔註8〕韓國盤：《柴榮》，上海人民出版社1956年版，第73頁。

〔註9〕季子涯（即漆俠）：《趙匡胤和趙宋專制主義中央集權制度的發展》，《歷史教學》1954年第12期。

〔註10〕張其凡師：《宋太宗》，吉林文史出版社1997年版，第323頁。

〔註11〕汪槐齡：《柴榮與宋初政治》，《學術月刊》1980年第7期；任崇岳：《試論周世宗柴榮的農業經濟政策》，《鄭州大學學報》1981年第3期；史蘇苑：《略論周世宗北征》，《鄭州大學學報》1982年第1期；徐明德：《論周世宗的改革及其歷史意義》，《杭州大學學報》1983年第3期；唐兆梅：《簡論周世宗》，《文史哲》1984年第3期。

〔註12〕季子涯：《趙匡胤和趙宋專制主義中央集權制度的發展》，《歷史教學》1954年第12期；鄧廣銘：《論趙匡胤》，《新建設》1957年第5期；張家駒：《趙匡胤論》，《歷史研究》1958年第6期。

〔註13〕汪槐齡：《論宋太宗》，《學術月刊》1986年第3期；張其凡師：《論宋太宗》，《歷史研究》1987年第2期；王瑞來：《略論宋太宗》，《社會科學戰線》1987年第4期。

們的視野之外，論者不多。實際上，「後周的改革創於太祖而成於世宗，為北宋開國奠定基礎」〔註14〕。從後周至北宋初年，改革一直是政治生活的中心內容，但問題是這種以一帝一事為中心、分而論之的研究路數，固然有裨於人物的評價和事實的澄清，卻不能揭示出貫穿於五季宋初四位君主政治改革的內在理路，更無力發掘蘊含於其中的政治演進趨勢。本文則以為，五季宋初的改革，橫亙著一條鮮明的主線，前後有章可循，故宜從宏觀上將這一風雲激蕩的時代，作為一個整體來把握。

五季宋初的政治變革，逐步扭轉了唐末以來政治失序的狀況，而其所體現出的政治演進趨勢，大致規範了其後中國社會政治發展的基本格局。具體而言，這一時期的政治變革呈現出三大趨勢：其一是君主官僚政體取代君主貴族政體的變動，帶來了君主專制主義的不斷加強；其二是權力高度收束於中央政府，消除了地方操縱軍事、經濟、行政等權力的傾向，中央集權愈益強化；其三是分裂割據的局面為統一國家所代替，大一統的觀念日漸根深蒂固。這三大趨勢在五季宋初定型之後，一直延續到元、明、清時期，歷近千年而未曾移易，其間之種種前因後果，發人深省。

一、君為政本，「君命無貳」的專制主義趨勢

專制主義，或曰君主專制。在傳統政治範圍中，「專制主義居於至高無上的地位」，「這是沒有制約的權力結構的本性決定的」。中國封建君主專制主義的歷史源於秦始皇併吞六國，傲視天下之時，其核心理論是「儒法互補，儒法交融」〔註15〕，且以儒家治世思想為主流，中心任務是鞏固皇權，最大特點是皇帝個人獨裁，總攬一切權力。

安史亂後，唐失其御，君權旁落，宦官、朋黨、藩鎮成為政治生活中的三大痼疾，藩鎮割據更是摧毀大唐帝國的決定性力量。晚唐以來，藩鎮勢力的崛起，對至高無上的君權產生了強大的衝擊，逐步蠶食了君主的絕對權威。盤踞於地方的節度使，獨操大權，一手遮天，在各自轄區內，「郡邑官吏，皆自署置，戶版不籍於天府，稅賦不入於朝廷，雖曰藩臣，實無臣節」〔註16〕。

〔註14〕 陶懋炳：《五代史略》，人民出版社 1985 年版，第 298 頁。
〔註15〕 李慎之：《中國文化傳統與現代化》，《中國研究》2001 年第 1 期。
〔註16〕 （後晉）劉昫等：《舊唐書》卷 141《田承嗣傳》，中華書局點校本 1975 年版，第 3838 頁。

延及五代十國，節度使幾乎清一色任用武人，清人趙翼發現，五代「文臣為節度使者，惟馮道暫鎮同州，桑維翰暫鎮相州及泰寧而已」〔註 17〕。節度使蔑視皇權，公然對抗天子號令的行為層出不窮，正如陳垣先生所說：「藩鎮割據，名為君臣，實同敵國。其力足以相抗則倨，不足以相抗則恭，固不知有君臣之分也。」〔註 18〕傳統的君臣等級秩序界線已被淆亂。五代凡五十四年，更八姓，十四君，「長者不過十餘歲，甚者三四歲而亡」〔註 19〕。政權更迭之頻繁，皇權轉移速率之快前所未有，所謂「天子，馬壯兵強者當為之，寧有種耶」〔註 20〕的言論，更是赤裸裸地表明了武夫悍帥以軍事力量作為角逐權力巔峰的利器，而置君權的神聖性於不顧的主流認識。武夫以軍事實力為後盾而至帝王者，屢見不鮮，宋代學者歐陽修就曾說：「五代之君，皆武人崛起，其所與俱勇夫悍卒，各裂土地封侯王，何異豺狼之牧斯人也！雖其附託遭遇，出於一時之幸，然猶必皆橫身陣敵，非有百夫之勇，則必一日之勞。」〔註 21〕君權之被任意踐踏和蹂躪的情形，誠如明清之際思想家王夫之所說：「強臣擅兵以思篡奪者相沿成習，無有寧歲久矣。」〔註 22〕「位樞密，任節鎮者，人無不以天子為可弋獲之飛蟲。」〔註 23〕往日籠罩於皇權之上的神聖光環，已被現實政治生活中野蠻的武力爭鬥無情地砸碎。

藩帥作亂於外，權臣擅政於內。自中唐玄宗後期以降，權臣逐步凌駕於皇權之上，頤指氣使，擺弄人主的事例比比皆是。後漢隱帝時，「楊邠、史弘肇斥其主以禁聲，而曰『有臣等在』」〔註 24〕。及至後周太祖郭威之世，此風仍未稍息。王峻任樞密兼宰相，復領節鎮，每有所求，無不遂意，後竟執意

〔註17〕 （清）趙翼撰，王樹民校證：《廿二史箚記校證》卷 22《五代藩郡皆用武人》，中華書局 1984 年版，第 473 頁。

〔註18〕 陳垣：《通鑑胡注表微》，《勸誡篇》第十，遼寧教育出版社 1997 年版，第 150 頁。

〔註19〕 （宋）歐陽修：《歐陽修全集》卷 60，《居士外集》卷 10《本論上》，中華書局點校本 2001 年版，第 862 頁。

〔註20〕 （宋）薛居正等：《舊五代史》卷 98《安重榮傳》，中華書局點校本 1976 年版，第 1302 頁。

〔註21〕 （宋）歐陽修：《新五代史》卷 49《王進傳》，中華書局點校本 1974 年版，第 558～559 頁。

〔註22〕 （清）王夫之：《讀通鑒論》卷 30《五代下》，中華書局點校本 1975 年版，第 1080 頁。

〔註23〕 《讀通鑒論》卷 30《五代下》，第 1088 頁。

〔註24〕 《讀通鑒論》卷 30《五代下》，第 1081 頁。

「請用顏衎、陳同代李穀、范質為相」〔註25〕，太祖郭威對此忍無可忍，在幽禁王峻後，召集大臣，泣曰:「峻凌朕頗甚，無禮太過，擬欲盡去左右臣僚，剪朕羽翼。朕兒在外，專意阻隔，暫令到闕，即懷怨望。豈有既總樞機，又兼宰相，堅求重鎮，尋亦授之，任其襟懷，尚未厭足，如此無君，誰能甘忍！」〔註26〕王峻本為開國功臣，卻居功自傲，專橫跋扈，驕矜任情，終至招來殺身之禍。但時至五代末年權臣還敢如此要挾皇帝，欺凌王權，原因何在？其因蓋在於，「君臣之倫，至此而滅裂盡矣」〔註27〕，皇權已完全失去了昔日的神秘性，武力才是皇權合法性的唯一來源，所以太祖郭威才會對擁有重兵的功臣宿將百般容忍。這種狀況的長期延續，反過來又縱容了權臣的囂張氣焰，繼位的周世宗對此有清醒認識，「常言太祖養成王峻、王殷之惡，致君臣之分不終」〔註28〕。君臣關係的錯位，阻礙了君權的正常實施。因此，王夫之的認識是，「自唐以來，人主之速趨於亡者，皆以姑息養強臣而倒授之生殺之柄，非其主剛戾過甚而激之使叛也」〔註29〕。因而五代時期皇權的衰弱，與武夫強臣對君主權力的剝奪，關係密切！

經驗和教訓均已表明，皇權受踐踏，社會無秩序，國家無寧日，百姓遭殃，因此，要重建統治秩序，必須恢復皇權的崇高地位，重建皇權權威。「剝極而復」，迨至後周，統一的因素迅速增長，劉澤華先生認為統一和君主專制之間，存在這樣一種關係，「統一只是封建君主專制的表現形式，也就是說，沒有君主集權就不會有地區性的統一；沒有地區性的君主集權就不會有全國的封建統一」〔註30〕。故而實現結束分裂，統一天下的願望，必須有強力的君主權威作為保障，否則，不僅新生的政權難以保全和穩固，統一的希望也必將化為泡影，多事之秋，重振君統，迫在眉睫。為解決皇權的現實性危機，重新確立皇權的絕對權威，自後周太祖郭威至北宋太宗之世，四代君主採取種種措施，有效地制止了皇權極度低落的態勢，完成了將權力重新收歸於皇帝一身的任務，再構了專制主義的統治秩序。

〔註25〕《新五代史》卷50《王峻傳》，第565頁。
〔註26〕《舊五代史》卷130《王峻傳》，第1715頁。
〔註27〕《讀通鑒論》卷28《五代上》，第1036頁。
〔註28〕（宋）司馬光:《資治通鑒》卷294，後周世宗顯德六年六月癸巳，中華書局點校本1956年版，第9602頁。
〔註29〕《讀通鑒論》卷30《五代下》，第1070頁。
〔註30〕劉澤華:《中國傳統政治思想反思》，三聯書店1987年版，第12頁。

（一）肅貪立制，重振皇威

貪污是中國古代社會普遍存在的事實，其實質是官員利用手中的政治權力攫取份外經濟利益的行為，產生的根源「在於古代中國社會權力支配一切的特點和專制主義中央集權的官僚制度」〔註31〕。五代時期，「藩侯牧守，下迨群吏，罕有廉白者，率皆培斂剝下，以事權門」〔註32〕，地主官吏盤剝百姓，厚斂成風。各地官吏「峻法以剝下，厚斂以奉上」〔註33〕，「專事聚斂，政事不治」〔註34〕的惡風流習至趙宋開國，仍沿而未改，正如顧炎武所說：「宋初，郡縣吏承五季之習，黷貨厲民，故尤嚴貪墨之罪。」〔註35〕而節度使獨擅地方大權，任命親信將領管理地方的做法，又愈益造成了貪贓枉法的普遍化，「五代以來，領節旄為郡守者，大抵武夫悍卒，皆不知書，必自署親吏代判，郡政一以委之，多擅權不法」〔註36〕。不識文墨的武將管理地方事務，不曉吏治或恃功違法者為數甚眾，「諸州皆用武人，多以部曲主場務，漁蠹公私，以利自入」〔註37〕。地方州郡自行其是，貪贓枉法，恣意妄為，極大地削弱了皇權對地方的控制力。官吏從來都是皇帝馭民的工具，獲取有高度效忠精神的官僚集團的廣泛性支持，是皇帝意志得以頒行天下的前提。因此，作為表達皇權通道的官僚隊伍，亟待整頓。而懲處官僚隊伍中的貪殘不法分子，嚴禁暴虐，澄清吏治，就成為重建皇帝權威，加強皇權控制力的入手之處。

法律制度是維護封建王權的強有力武器。而自五代以來，法制隳壞的情形亦較為嚴重，所謂「典刑弛廢，州郡掌獄吏不明習律令，守牧多武人，率恣意用法」〔註38〕。五代時期，法律紊亂，刑罰酷虐，司馬光描述道：

> 初，唐衰，多盜，不用律文，更定峻法，竊盜贓三匹者死；晉

〔註31〕劉澤華：《專制權力與中國社會》，吉林文史出版社 1988 年版，第 136～148 頁。
〔註32〕《舊五代史》卷 59《袁象先傳》，第 797～798 頁。
〔註33〕《舊五代史》卷 146《食貨志》，第 1945 頁。
〔註34〕《資治通鑑》卷 282，後晉高祖天福六年二月，第 9220 頁。
〔註35〕（清）顧炎武：《日知錄》卷 13《除貪》，甘肅民族出版社點校本 1997 年版，第 615 頁。
〔註36〕（宋）李燾：《續資治通鑑長編》卷 6，乾德三年三月，中華書局點校本 2004 年版，第 150 頁。
〔註37〕《新五代史》卷 47《相里金傳》，第 529 頁。
〔註38〕《續資治通鑑長編》卷 2，建隆二年五月，第 46 頁。

天福中，加至五匹。奸有夫婦人，無問強、和，男婦並死。漢法，
　竊盜一錢以上皆死；又罪非反逆，往往族誅、籍沒。〔註39〕

葉適亦言：「五代暴亂，承用重刑。盜一錢以上徑坐死，而茶鹽、榷酤升
合銖兩之犯，至無生出者。」〔註40〕在武夫作亂的五代時期，律令形同虛設，
藩侯牧守，「視人命如草芥，動以族誅為事」〔註41〕，誠如王夫之所言：「自
唐宣宗以後……天下之無法，至於郭氏稱周，幾百年矣。」〔註42〕刑典無常，
冤獄泛濫的狀況，對百姓基本的生存權利構成了嚴重威脅，以至怨聲載道，
激化社會矛盾，使民心走向皇權的對立面，勢必對專制權威的樹立產生負面
影響。而唯有加強法制建設，方能還百姓以生命尊嚴，維護王權的絕對指揮
力量，確保國家機器在皇帝操縱下的正常運轉。

針對五季至宋初吏治濁亂和法制鬆弛的狀況，後周及宋初一方面著力懲
治貪濁瀆職行為，遏制官員因貪贓枉法而引發的腐敗現象，強化官僚隊伍服
務王朝，聽命皇權的意識，力圖改變「君弱臣強」積習。另一方面，重視法制
建設，為百姓的生存構築較為安全的環境，以達到加強統治，尊崇王權的目
的。君權滑落的勢頭，伴隨著大規模懲貪運動的展開和法制建設的逐步完善
漸趨中止。

先看懲貪。周太祖郭威在位不足 4 年（951～954），僅據《舊五代史》《資
治通鑒》所載，懲治貪官即有 20 例，詳情見下表。

表1　後周太祖朝懲治官員表

序號	姓　名	官　職	罪名及處置	時　間	史料出處
1	馬彥勛	考城縣巡檢、供奉官	匿赦書殺獄囚，棄市。	廣順元年五月	《舊五代史》卷 111《周太祖紀二》，第 1473 頁。
2	張昭	戶部尚書	以其子犯法抵罪，左授太子賓客。	廣順元年七月	同上
3	劉濤	中書舍人	遣子頊代草制詞，責授少府少監。	廣順元年九月	同上卷，第 1475 頁。

〔註39〕《資治通鑒》卷 290，後周太祖廣順元年正月，第 9451 頁。
〔註40〕（宋）葉適：《水心別集》卷 2《國本下》，載《葉適集》，中華書局點校本 2010
　　　年版，第 649 頁。
〔註41〕《廿二史箚記校證》卷 22《五代濫刑》，第 478 頁。
〔註42〕《讀通鑒論》卷 30《五代下》，第 1084 頁。

4	劉頊	監察御史	代父草制，責授復州司戶。	同上	同上。
5	楊昭儉	中書舍人	不親其職，解官放逐私便。	同上	同上。
6	李知損	兩浙弔祭使、左諫議大夫	銜命江浙，所經藩郡，皆強貸於侯伯，責授登州司馬，員外置，仍令所在馳驛放遣。	廣順三年正月	《舊五代史》卷 112《周太祖紀三》，第 1489 頁。
7	葉仁魯	萊州刺史	坐贓絹萬五千匹，錢千緡，賜死。	同上	《資治通鑒》卷 291，第 9489 頁。
8	陳守愚	唐州方城縣令	坐克留戶民蠶鹽一千五百斤入已，棄市。	廣順三年二月	《舊五代史》卷 112《周太祖紀三》，第 1490 頁。
9	王峻	樞密使、平盧節度使、尚書左僕射、同平章事	欺凌君主，貶授商州司馬。	同上	《舊五代史》卷 130《王峻傳》，第 1715 頁。
10	桑能	鳳翔少尹	據桑維翰別第，責授鄧州長史。	同上	《舊五代史》卷 112《周太祖紀三》，第 1490 頁。
11	陳觀	秘書監	坐王峻黨，責授左贊善大夫，留司西京。	廣順三年三月	《舊五代史》卷 113《周太祖紀四》，第 1495～1496 頁。
12	郭彥欽	慶州刺史	擅加榷錢，勒歸私第。	廣順三年五月	同上卷，第 1496 頁。
13	常思	宋州節度使	徵民絲四萬一千四百兩，請徵入官，移鎮青州。	同上	同上。
14	李溫美	衛尉少卿	奉使祭海，便道歸家，貶房州司戶參軍。	廣順三年七月	同上卷，第 1498 頁。
15	武懷贊	供奉官	盜馬價入已，棄市。	同上	同上。
16	齊藏珍	內衣庫使	奉詔脩河，安寢不動，遂至橫流，流配沙門島。	廣順三年八月	同上。

17	劉言	武安節度使、同平章事	與淮賊通連，為諸軍所廢，勒歸私第。	廣順三年八月	同上。
18	張建武	寧州刺史	劫奪著人財貨，為野雞族所逐，責授右司禦副率。	廣順三年十月	同上卷，第1499頁。
19	趙鳳	單州刺史	率斂部民財貨，賜死。	廣順三年十二月	《舊五代史》卷129《趙鳳傳》，第1705頁。
20	王殷	鄴都留守、侍衛親軍都指揮使	多方聚斂，專橫無極，削奪官爵，長流登州，尋賜死於北郊。	同上	《舊五代史》卷124《王殷傳》，第1626～1627頁。

在被處罰的官員中，貪贓者9人，直接因此而被殺的官員有5名，占總數的近1/3。郭威在位不足4年，但對吏治貪殘的打擊態度是較為堅決的。如葉仁魯本「帝之故吏」，因貪贓被獲，郭不念故舊之情，予以賜死，刑前遣使饋以酒食曰：「汝自抵國法，吾無如之何！」〔註43〕可見決心之大。治貪有益於刷新政治，而更深層次的動機則是重新確立皇權至高無上的地位。如表中所示，悖逆君主意志乃至欺凌君主而獲罪者多達11人，不從政令、冒犯皇威者有8人，即「匿赦書」的馬彥勍、「代草制詞」的劉濤和劉頊父子、「不親其職」的楊昭儉、「強貸於侯伯」的李知損、「擅加榷錢」的郭彥欽、「便道歸家」的李溫美、「安寢不動」的齊藏珍等。王峻及其黨羽陳觀、王殷之輩更是公然挑釁王權，覬覦王位。僅從上述諸人被懲治的罪名分析，就不難看出，晚唐以來皇帝的威望對於臣僚的影響極為有限，王權的絕對力量大為削弱，君統的正常秩序面臨著極為嚴峻的挑戰。故此，鞏固後周新生政權，重樹皇威實屬不二選擇。周太祖對藐視皇權的功臣佐吏，採取了種種處罰舉措，輕則貶官，重則誅殺，王權的震憾力開始顯現，長期處於搖搖欲墜中的王權大廈重被培植了根基，經過郭威重典懲治之後，乖張的吏治開始慢慢轉變，官僚臣服於皇帝意志的局面開始顯現。

周世宗柴榮步太祖郭威後塵，一如既往地嚴肅處理官僚隊伍的貪虐瀆職現象。柴榮極為憎恨官吏的貪贓行為，認為「親民之官，贓狀狼藉，法當處死」〔註44〕。僅據《舊五代史》所載，世宗在位6年間，計有40例38名不法官吏受到了懲治，詳情見下表。

〔註43〕《資治通鑑》卷291，後周太祖廣順三年正月，第9489頁。
〔註44〕《舊五代史》卷114《周世宗紀一》注引《舊五代史考異》，第1509頁。

表 2　後周世宗朝懲治官員表

序號	姓　名	官　職	罪名及處置	時　間	史料出處
1	樊愛能	侍衛馬軍都指揮使、夔州節度使	望賊而遁，軍紀不嚴，殺之。	顯德元年三月	《舊五代史》卷 114《周世宗紀一》，第 1514 頁。
2	何徽	侍衛步軍都指揮使、壽州節度使	同上。	同上。	同上。
3	申師厚	前河西軍節度使	不俟詔離任，責授右監門衛率府副率	顯德元年七月	同上卷，第 1518 頁。
4	李彥崇	前澤州刺史	高平之役，擅離守地，引兵退，責授右司禦副率。	顯德元年八月	同上卷，第 1520 頁。
5	薛訓	右屯衛將軍	監雍兵倉，縱吏卒掊斂，除名流沙門島。	顯德元年九月	同上。
6	竹奉璘	宋州巡檢供奉官、副都知	不捕獲盜掠商船，斬之。	同上	同上。
7	孟漢卿	左羽林大將軍	監納厚取耗餘，賜死。	顯德元年十月	同上卷，第 1521 頁。
8	赫光庭	供奉官	巡檢葉縣，挾私斷殺平人，棄市。	同上	同上卷，第 1522 頁。
9	劉溫叟	禮部侍郎	失於選士，放罪。	顯德二年三月	《舊五代史》卷 115《周紀宗紀二》，第 1528 頁。
10	陳渥	刑部員外郎	檢齊州臨邑縣民田失實，賜死。	顯德二年五月	同上卷，第 1531 頁。
11	許遜	秘書少監	假圖書隱而不還，責授蔡州別駕。	顯德二年九月	同上卷，第 1533 頁。
12	康澄	右散騎常侍	奉使浙中，以私停留，逾時復命，責授環州別駕。	顯德二年十月	同上。
13	史又玄	左司郎中	罪名同上，責授商州長史。	同上	同上。
14	元霸	左驍衛大將軍	罪名同上，責授均州別駕。	同上	同上。
15	林延禔	右驍衛將軍	罪名同上，責授登州長史。	同上	同上。

16	李知損	右諫議大夫	妄貢章疏，斥讟貴近，及求使兩浙，配流沙門島。	同上	同上。
17	馬從贄	殿中監	吞沒外孫女貲產，免官。	顯德三年正月	《舊五代史》卷 116《周紀宗紀三》，第 1539 頁。
18	康儼	前濟州馬軍都指揮使	坐橋道不謹，斬之。	顯德三年二月	同上卷，第 1541 頁。
19	楊昭儉	御史中丞	鞫獄失實，停任。	顯德三年六月	同上卷，第 1548 頁。
20	趙礪	知雜侍御史	同上。	同上	同上。
21	張糺	侍御史	同上。	同上	同上。
22	劇可久	太僕卿	舉官不當，停任。	顯德三年八月	同上卷，第 1549 頁。
23	王敏	工部侍郎	坐薦子婿陳南金為河陽記室，停任。	同上	同上。
24	郭令圖	舒州刺史	棄郡逃歸，責授虢州教練使。	顯德三年十月	同上卷，第 1550 頁。
25	趙守徽	右拾遺	醜行為妻父所訟，杖一百，配沙門島。	同上	同上。
26	韓倫	前許州行軍司馬	干預郡政，掊斂，奪官，配沙門島。	顯德四年三月	《舊五代史》卷 117《周世宗紀四》，第 1558 頁。
27	孫延希	內供奉官	修殿，暴虐役夫，斬之。	顯德四年四月	同上。
28	董延勳	御廚使	罪名同上，停職。	同上	同上。
29	張皓	御廚副使	同上。	同上	同上。
30	盧繼昇	武德副使	同上。	同上	同上。
31	侯希進	密州防禦副使	不奉旨檢夏苗，斬之。	顯德四年五月	同上卷，第 1559 頁。
32	齊藏珍	濠州刺史	聚斂，棄市。	顯德四年六月	同上卷，第 1560 頁。
33	武行德	前徐州節度使、檢校太師、兼中書令	債軍，責授左衛上將軍。	顯德四年七月	同上。

34	李繼勳	前河陽節度使	因壽春南砦之敗，責授右衛大將軍。	同上	同上。
35	符令光	左藏庫使	不及時辦理軍需，斬之。	顯德四年十月	同上卷，第 1562 頁。
36	劉濤	右諫議大夫	選士不當，責授右贊善大夫。	顯德五年三月	《舊五代史》卷 118《周世宗紀五》，第 1571 頁。
37	趙礪	太常博士、權宿州軍州事	坐推劾弛慢，除名。	顯德五年四月	同上卷，第 1572 頁。
38	武懷恩	楚州兵馬都監	擅殺降軍四人，棄市。	顯德五年十二月	同上卷，第 1576 頁。
39	張順	楚州防禦使	在任隱落榷稅錢五十萬、官絲綿二千兩，賜死。	同上	同上。
40	王德成	右補闕	舉官不當，責授右贊善大夫。	顯德六年二月	《舊五代史》卷 119《周世宗紀六》，第 1580 頁。

其中，貪贓者為 6 人，被處以極刑的有 3 人。而違背聖令、觸犯王命者有 14 人，如「不捕獲盜掠商船之賊」的竹奉璘、「挾私斷殺人」的赫光庭、「檢齊州民田失實」的陳渥、「逾時覆命」的康澄等 4 人、「鞫獄失實」的楊昭儉、「舉官不當」的劇可久和王敏、「棄郡逃歸」的郭令圖、「不奉旨檢夏苗」的侯希進、「不即辦理軍需」的符令光、「選士不當」的劉濤等。就罪名來看，反映出的事實多半是對皇權的不恭。繼太祖郭威之後，周世宗為了確保君主權力的高高在上，分別對上述臣僚予以嚴懲，有力地扭轉了晚唐以來王權衰弱的頹勢。

世宗用法，歷為後世史家所詬病，認為其「用刑失於太峻」〔註 45〕，過於深刻，所謂「群臣職事小有不舉，往往寘之極刑，雖素有才幹聲名，無所開宥，此其所短也」〔註 46〕。此說固然有一定道理，然而從重樹君主威嚴、震懾對皇權不恭者的角度看，世宗實是有意為之，其手法、意圖與太祖郭威一脈相承！

為了重振皇綱，周世宗將吏治腐敗、民怨沸騰的原因歸結為「非民之狡，

〔註 45〕 《舊五代史》卷 119《周世宗紀六》「史臣曰」，第 1587 頁。
〔註 46〕 （宋）洪邁：《容齋續筆》卷 4《周世宗》，載《容齋隨筆》，中華書局點校本 2005 年版，第 259 頁。

蓋朕治之未至，亦猶親人之官未當耳。此後尤宜精求令長，免使黎民受弊」
〔註47〕。精選「親人之官」，不僅能為吏治的清明掃平道路，更能使皇權受到
應有的尊崇。顯德二年（956）正月，世宗詔曰：「在朝文班，各舉堪為令祿者
一人，雖姻族近親，亦無妨嫌。授官之日，各署舉主姓名，若在官貪濁不任，
懦弱不理，並量事狀重輕，連坐舉主。」〔註48〕推行薦舉連坐制的原因和動
機是多方面的，但其中無疑隱含要求官僚尊崇皇權、盡職守法的意圖。通過
官僚隊伍的層層負責制，居於權力金字塔頂端的皇權及其威嚴獲得了一定的
制度性保障。

北宋初年，由於「封疆甚廣，州縣至多」，仍舊「貪夫不少」〔註49〕，各
級官吏委法受賕、乞取強索、隱沒官物、監守自盜、科斂入己、犯禁謀利等現
象十分嚴重。〔註50〕貪濁風氣的盛行不利於統治的穩固，且是導致皇權不振
的重要原因，因而太祖乾德五年（967）二月規定：「大凡命官犯罪，多有特
旨，或勒停，或令釐務，贓私罪重，即有配隸；或處以散秩，自遠移近者，經
恩三四，或放任便，所以徼貪濫而肅流品也。」〔註51〕太祖、太宗深諳肅貪
有一箭雙雕之妙，既可澄清吏治，又能重振皇權，故而採取有力措施反腐懲
貪。如對貪官課以重法，倡導勤政愛民，杜絕官吏經商，嚴禁仕宦子弟官本
貫，嚴格財政管理，適當提高官俸等等。〔註52〕尤為值得注意的是，太祖建
隆三年（962）八月，趙匡胤採納知制誥高錫的建議，鼓勵臣民揭發官吏行賄
者可得獎賞，〔註53〕訴諸皇權以打擊貪官，強調的正是皇權無與倫比的專制
權威和王權的絕對力量。張其凡師據《宋史·太祖紀》記載統計，太祖一朝處
死贓官28人，其餘因貪贓而被杖、除名、除籍者，更是不乏其人。〔註54〕在
治貪的同時，趙匡胤深感「吏員猥多，難以求其治，俸祿鮮薄，未可責以廉」，

〔註47〕（宋）王欽若等：《冊府元龜》卷69《帝王部·審官》，中華書局影印本1960
　　　　年版，第782～783頁。
〔註48〕《舊五代史》卷115《周世宗紀二》，第1525頁。
〔註49〕《續資治通鑒長編》卷24，太平興國八年十二月，第566頁。
〔註50〕郭東旭：《論宋代防治官吏經濟犯罪》，載氏著《宋朝法律史論》，河北大學出
　　　　版社2001年版。
〔註51〕《續資治通鑒長編》卷8，乾德五年二月癸酉，第189～190頁。
〔註52〕蔡罕：《太祖太宗與宋初廉政》，《杭州大學學報》1991年第9期。
〔註53〕（元）脫脫等：《宋史》卷1《太祖紀一》，中華書局點校本1985年版，第12
　　　　頁。
〔註54〕張其凡師：《趙普評傳》，北京出版社1991年版，第158～159頁。

於是萌生了「省官而益俸」的念頭，〔註 55〕並著手進行裁減官吏，省併州縣的嘗試。減官定員，提高官俸，待遇優厚，與嚴懲貪官相輔相成，其目的都是為了要求官吏廉潔，形成風清氣正的政治局面。〔註 56〕而隨著州縣省併工作的展開，皇權控制地方的層次相應減少，皇帝意志下達的通道更為便捷，專制王權漸趨擴張。清人趙翼說：「宋以忠厚開國，凡罪罰悉從輕減，獨於治贓吏最嚴。蓋宋祖親見五代時貪吏恣橫，民不聊生，故御極以後，用重法治之，所以塞濁亂之源也。」〔註 57〕此說雖有道理，但未看出懲貪還有重振皇威的意圖，仍不免失之膚淺。

太宗即位後，繼續奉行肅貪政策。史載：「上注意治本，深懲贓吏。」太平興國三年（978）六月，下詔：「自太平興國元年十月乙卯以後，京朝、幕職、州縣官犯贓除名配諸州者，縱逢恩赦，所在不得放還，已放還者，有司不得敘用。」〔註 58〕並以此為定制。此處所體現的皇權的威嚴與凌厲，遠甚於後周太祖、世宗時期，較之其兄趙匡胤亦有過之而無不及。僅據《宋史‧太宗紀》和《續資治通鑑長編》統計，太宗誅殺的貪贓官吏達 36 人之多。〔註 59〕在這種高壓政策下，各級官吏的貪贓行為多少會有所收斂，更重要的是重新樹立了君主的威嚴，皇帝的控制力愈加嚴密。

再看法制建設。通過肅貪震懾官僚隊伍，有力地制止了晚唐五代皇權低落的勢頭，而為了保證專制皇權無以復加的崇高地位，還必須加強法制建設，方能使之制度化。因為，在中國古代，法律向來都是皇帝治理臣民的工具，君主「口含天憲」「法出於一」，是法令的頒行者。「前主所是著為律，後主所是疏為令」〔註 60〕，皇帝有權修改和廢止任何法律，其詔敕往往直接成為法律。法律是統治階級意志的體現，更是皇帝具有獨斷權力的象徵，是君主專制的有力武器。法制建設的實際進程，昭示著君主權力干預政治生活的情況。

以法治國，將國家政治生活重新納入有序運行的發展軌道，是郭威在位期間孜孜以求的目標。周太祖即位伊始，即下令「今後應犯竊盜賊贓及和姦

〔註 55〕 《續資治通鑑長編》卷 11，開寶三年七月壬子，第 247 頁。
〔註 56〕 《趙普評傳》，第 162 頁。
〔註 57〕 《廿二史箚記校證》卷 24《宋初嚴懲贓吏》，第 525 頁。
〔註 58〕 《續資治通鑑長編》卷 11，太平興國三年六月戊辰，第 431 頁。
〔註 59〕 《宋太宗》，第 251～256 頁。
〔註 60〕 （漢）司馬遷：《史記》卷 122《酷吏列傳‧杜周》，中華書局點校本 1959 年版，第 3153 頁。

者，並依晉天福元年已前條制施行。應諸犯罪人等，除反逆罪外，其罪並不得籍沒家產，誅及骨肉，一依格令處分」〔註61〕，盡棄晉漢酷法，廢止懲處罪犯時動輒累及親屬的不當陳規。同時加緊了對前朝律令的修定、刪改工作。廣順元年（951）六月，太祖「命侍御史盧憶等，以晉、漢及國初事關刑法敕條一十六件，編為二卷，目為《大周續編敕》」〔註62〕。《大周續編敕》成為太祖時期法制的準繩。其後亦根據時勢變化，不斷損益，以應時變。廣順三年（953）二月，「中書門下奏，起今後應天下諸道州府斷遣死罪者，候斷遣訖錄元案聞奏，仍分明錄推司官典及詳斷檢法官姓名。其檢用法條朱書，不得漏落」〔註63〕，重申皇帝在司法領域的最高裁決權。同年四月，周太祖又嚴令各級官吏必須加快對案件的審理，不得有意積壓案件：

> 應諸道州府見繫罪人，宜令官吏疾速推鞠，據罪斷遣，不得淹滯。仍令獄吏，灑掃牢獄，當令虛歇；洗滌枷械，無令蟲虱；供給水漿，無令饑渴。如有疾患，令其家人看承，囚人無主，官差醫工診候，勿致病亡。循典法之成規，順長贏之時令，俾無淹滯，以致治平。〔註64〕

清人王夫之曾說：「及郭氏之有國也，始有制法之令焉。」〔註65〕這是符合歷史實際的公允評價。

周世宗同樣留心法制建設，不僅重申官吏不得無故久滯案件的規定，〔註66〕他還親自審理疑難案件。如顯德二年（955）六月，親錄囚於內苑，澄清了馬氏父子冤死的案情，「議者咸以為神。是時，諸侯聞者無不躬親於獄訟焉」〔註67〕。其後又將重點置於國家法典的編纂，顯德四年（957）五月，下詔中書門下，差官詳定格律，侍御史張湜等10人領旨重新編纂法典。具體要求是，「律令之有難解者，就文訓釋；格敕之有繁雜者，隨事刪除。止要諳理省文，兼且直書易會。其中有輕重未當，便於古而不便於今；矛盾相攻，可於此而不可於彼，盡

〔註61〕《舊五代史》卷110《周太祖紀一》，第1460頁。
〔註62〕（宋）王溥：《五代會要》卷9《定格令》，上海古籍出版社點校本1978年版，第148頁。
〔註63〕《五代會要》卷10《刑法雜錄》，第163～164頁。
〔註64〕《舊五代史》卷147《刑法志》，第1972～1973頁。
〔註65〕《讀通鑑論》卷30《五代下》，第1084頁。
〔註66〕《冊府元龜》卷151《帝王部‧慎罰》，第1833頁。
〔註67〕《冊府元龜》卷57《帝王部‧明察》，第644頁。

宜改正，毋或牽拘」〔註68〕。顯德五年（958）七月，「中書門下新進冊定《大周刑統》，奉敕班行天下」〔註69〕。《大周刑統》成為宋初制定法典的藍本。

北宋初年沿用唐朝的律、令、格、敕，並參用後唐《同光刑律統類》《清泰編敕》《天福編敕》《大周廣順續編敕》《顯德刑統》，〔註70〕法令繁多，卻不便執行。為使法令更能體現皇權意志，太祖趙匡胤從建隆二年（961）二月「定竊盜律」始，隨後制定了眾多的律、令，涉及內容極為廣泛；又作出種種規定，限制執法者濫用權力，確保法令的施行，如將生殺大權收歸中央，決斷死罪務須嚴格，並獎勵告發，誣告反坐；實行以文代武，武人儒生化的政策，以求法令的切實奉行。〔註71〕建隆四年（963）七月，竇儀等人奉旨完成了《宋刑統》的修訂工作，同年十一月，太祖下詔頒行全國。正如有學者所言：「宋朝的統治者之所以選中《刑統》作為其基本法典的名稱，最根本的原因還在於其自身的『一統』的需要，『一統』不僅是指統一全國，而且還指將權力統一於中央，以加強中央集權和君主專制。《宋刑統》正是統治者這種『統』的要求在法典制定上的反映和表現。」〔註72〕

太宗同樣關注法制建設，嘗言於臣下：「法律之書，甚資政理，人臣若不知法，舉動是過，苟能讀之，益人知識。比來法寺新案，多不識治體。」〔註73〕要求官吏熟悉律書，依法辦事。太宗曾於雍熙三年（986）九月、端拱二年（989）九月兩次下詔督促官員學習法令，再三戒飭百官奉公之餘，務必常讀律令格式之文，用以檢身斷事。端拱元年（988）十二月，太宗更是對宰臣表達了以法治國的意願，曰：「思與卿等謹守法制，務振綱紀，以致太平。」〔註74〕「總之，太祖、太宗兩朝通過法制手段，整飭了吏治，提高了行政效率，為安定社會秩序、鞏固封建統治和相對地減輕人民痛苦，起了很大的作用。」〔註75〕更重要的是，君主「口含天憲」，通過法制建設大

〔註68〕《五代會要》卷9《定格令》，第149頁。

〔註69〕《舊五代史》卷118《周世宗紀五》，第1574頁。

〔註70〕（清）徐松輯：《宋會要輯稿》刑法一之一，中華書局影印本1957年版，第6462頁。

〔註71〕喬宗傳：《趙匡胤重視法治的原因和策略》，《史學集刊》1985年第4期。

〔註72〕徐祥民：《中國法制史》，山東人民出版社2000年版，第183頁。

〔註73〕（宋）李攸：《宋朝事實》卷16《兵刑》，文淵閣四庫全書本，第608冊，臺灣商務印書館1986年版，第179頁。

〔註74〕《續資治通鑒長編》卷29，端拱元年十二月，第662頁。

〔註75〕曹海科：《試論北宋初年的法制建設與吏治》，《蘭州大學學報》1987年第4期。

大加強了專制主義的權力。

皇帝是最高的立法者和最終的裁判者，法律的權威在很大意義上等同於君主的權力，因此伴隨著法制建設的不斷推進，君主的意志和個人權力被無限放大，專制權力的增長亦屬必然。五季宋初四代君王既通過懲治貪官，整肅了官僚隊伍，又通過法制建設來貫徹皇帝意志，兩相結合取得了相應的效果。

（二）重文抑武，再構君統

如果將宋代稱為文人世界，五代似可視作武夫的舞臺。「毒手尊拳，交相於暮夜。金戈鐵馬，蹂踐於明時。」〔註76〕驕兵悍帥左右社會局勢，他們認為，「安朝廷，定禍亂，直須長槍大劍，至如毛錐子，焉足用哉」〔註77〕。把文人貶稱為「毛錐子」，百無一用是書生，昔日斯文掃地以盡，難怪趙翼慨歎：「士之生於是時者，縶手絆足，動觸羅網，不知何以全生也。」〔註78〕處在文人邊緣化的無奈境遇中，多數官僚士大夫只有苟且偷生，抱殘守缺。後梁宰相敬翔曾自謂，臣「雖名宰相，實朱氏老奴耳。事陛下如郎君」〔註79〕。又如史載：「五季為國，不四、三傳輒易姓，其臣子視事君猶傭者焉，主易則他役，習以為常。」〔註80〕君臣關係已淪落為雇傭關係，君權在士人心目中的號召力受到了極大的損害。而士人則是專制王權發揮影響力的中介環節，缺乏士人積極的支撐，專制王權對國家的統治則難落到實處。晚唐以降，士風亦急轉直下，一般士人退隱江湖，優游林泉，終老山岩，所謂「五代之亂，天下學者凋喪而仕者益寡。雖有美才良士，猶溺於耕田養生之樂，不肯棄其鄉閭而效力於官事」〔註81〕。傳統士人汲汲功名，居官從政，效忠王朝的精神追求正在日益喪失。歐陽修曾哀歎士風之敗壞：「士之不幸而生其時，欲全其節而不二者，固鮮矣。於此之時，責士以死與必去，則天下為無士矣。然其習俗，遂以苟生不去為當然。至於儒者，以仁義忠信為學，享人之祿，任人之國者，不顧其存亡，皆恬然以苟生為得，非徒不知愧，而反以其得為榮者，可

〔註76〕《新五代史》卷28《李襲吉傳》，第311頁。
〔註77〕《舊五代史》卷107《史弘肇傳》，第1406頁。
〔註78〕《廿二史箚記校證》卷22《五代幕僚之禍》，第476頁。
〔註79〕《舊五代史》卷18《敬翔傳》，第249頁。
〔註80〕《宋史》卷262《程羽傳》「論曰」，第9083頁。
〔註81〕（宋）蘇轍：《欒城集》卷20《私賦進士策問二十八首》，上海古籍出版社點校本1978年版，第445頁。

勝數哉！」〔註82〕

　　鑒於五代前朝士人被極度輕視的狀況，後周太祖及世宗著手變更以武力作為左右政局唯一力量的局面，竭力抬高文人的地位，與武夫相抗衡，以實現皇權對整個官僚隊伍的控制，加強王權的專制力量。太祖郭威強調「帝王之道，德化為先」〔註83〕，一改前朝不重用士人的做法，選拔李穀、范質、王溥等人參與軍國大政，「故郭氏之興，王峻、侯益之流，不敢復萌跋扈之心；而李穀、范質、魏仁浦乃得以文臣銜天憲制閫帥之榮辱生死」〔註84〕。武夫囂張氣焰有所抑制，其根源則在於「文臣銜天憲」，即代表君主權威行使權力，這正表明皇權對士人、武夫的制約力量開始強化，王權專制的趨向處於形成階段。後周太祖郭威還嘗試以文臣主州郡，廣順二年（952）五月，「詔端明殿學士顏衎權知兗州軍州事」〔註85〕，至宋乃成定制。郭威重用文人，倡文教，抑武夫，確是一大轉折，王夫之曾評價道：

> 蓋郭氏懲武人幕客之樵蘇其民而任其荒穢，標培克之成格以虐用之於無涯，於是范質、李穀、王溥諸人進。而王峻以翼戴之元功，不能安於相位，故有革故鼎新之機焉。樞密不能操宰相之進止，宰相不復倚藩鎮以從違，君為民之君，相為君之相，庶幾乎天職之共焉。嗣是而王樸、竇儼得以修其文教，而宋乃因之以定一代之規。〔註86〕

　　周世宗繼位後，進一步調整政策以優待文士，詔曰：「文武百僚所請俸給，支遣之時，非唯後於諸軍，抑亦又多折估，豈均養之理邪？如其有過，朕不敢私。責重俸薄，甚無謂也。此後並宜支與實錢。」〔註87〕又於顯德元年（954）三月，顯德四年（957）六月、八月和顯德五年（958）五月多次下詔求賢，〔註88〕期盼士人參與政治。而且世宗提拔人才，用人唯賢，不計出身，對草野上書者不次擢用，誠如史載：「世宗好拔奇取俊，有自布衣上書

〔註82〕《新五代史》卷33《死事傳》，第355頁。
〔註83〕《舊五代史》卷110《周太祖紀一》，第1460頁。
〔註84〕《讀通鑒論》卷30《五代下》，第1080頁。
〔註85〕《舊五代史》卷112《周太祖紀三》，第1481頁。
〔註86〕《讀通鑒論》卷30《五代下》，第1085～1086頁。
〔註87〕《冊府元龜》卷508《邦計部・俸祿四》，第6100頁。
〔註88〕分見《舊五代史》卷114《周世宗紀一》、卷117《周世宗紀四》、卷118《周世宗紀五》，第1512、1560、1561、1573頁。

下位言事者，多不次進用。」〔註89〕真才實學成為擇人的首要標準。

更為重要的是，科舉考試的選拔對象，在經過世宗整頓後也明顯有所擴大，「不限前資、見任職官，黃衣草澤，並許應詔」〔註90〕的規定，進一步吸引了士人的赴試，充實了後周政權的官僚隊伍。後周太祖廣順年間（951～953）三榜共取進士 36 人，諸科 236 人；世宗顯德年間（954～959）六榜取進士達 70 人，諸科 423 人。〔註91〕為使科舉所選確係真才實學之人，杜絕其中的舞弊弄巧傾向，世宗於顯德五年（958）三月下詔：「比者以近年貢舉，頗是因循，頻召有司，精加試練，所冀去留無濫，優劣昭然。」〔註92〕對失職的貢舉官員則給予懲戒。幕僚為將相、親信為將帥的傳統漸次更張，後周政權在士人中的向心力和凝聚力亦迅速增強。故而「是時，天子英武，樂延天下奇才，而尤禮文士，（扈）載與張昭、竇儼、陶穀、徐台符等俱被進用」〔註93〕。周世宗對士人「失則明言之，功則厚賞之」〔註94〕，這種做法喚醒了士人久已被泯滅的治國安邦理想，士人參與朝政、評議國事的激情開始張揚。王樸、王溥、李穀、范質、魏仁浦、鄭仁誨等士人分別在周世宗朝的政治活動舞臺上扮演著重要角色，對於周世宗實現政治抱負發揮了重要作用。歐陽修極表讚揚，認為周世宗「方內延儒學文章之士，考制度、脩《通禮》、定《正樂》、議《刑統》，其制作之法皆可施於後世」〔註95〕。士人這種包括制禮作樂在內的政治實踐，不僅矯正了士風，無疑也彌補了皇權體系經長期社會震盪後出現的種種缺失，迎合了周世宗重樹皇威的需要，有助於重建政治體系的合法性。因此，重用士人的根本性目的，終究在於為專制王權的擴張掃清障礙，重建君主的絕對權威，世宗在位期間，形成「政事無大小皆親決，百官受成於上」〔註96〕的局面。周世宗牢牢控制著政事的決定權，堵塞了群僚濫用權力，進而欺逼王權的孔道，力圖強化官僚隊伍的忠順意識，極大地提高了專制王權的地位。

〔註89〕（宋）王稱：《東都事略》卷 30《張昭傳》，《二十五別史》，第 19 冊，齊魯書社點校本 2000 年版，第 239 頁。
〔註90〕《五代會要》卷 22《制舉》，第 357 頁。
〔註91〕（元）馬端臨：《文獻通考》卷 30《選舉考三》，中華書局影印本 1986 年版，考二八二。
〔註92〕《舊五代史》卷 118《周世宗紀五》，第 1570～1571 頁。
〔註93〕《新五代史》卷 31《扈載傳》，第 345～346 頁。
〔註94〕《舊五代史》卷 119《周世宗紀六》「史臣曰」，第 1587 頁。
〔註95〕《新五代史》卷 12《周本紀》，第 125 頁。
〔註96〕《資治通鑒》卷 292，後周太祖顯德元年五月，第 9517 頁。

有宋一代,「以文治國」的國策肇始於宋初二帝。太祖和太宗,雖係武夫,然能尊儒重文。太祖有「性好藝文」〔註97〕的美譽,太宗更以「銳意文史」〔註98〕而著稱。兩位君主充分注意文治,太祖曾明確表示「宰相須用讀書人」〔註99〕,並任用儒臣「分治大藩」〔註100〕,鼓勵文人關心國事,「陳時政利病」「無以觸諱為懼」〔註101〕;且令武臣「亦當使其讀經書,欲其知為治國之道」〔註102〕。太宗則提出「王者雖以武功克敵,終須以文德致治」〔註103〕。宋初二帝崇文抑武的政治方略,為宋代「以文治國」奠定了基調,使專制王權的影響在後周確立的道路上得以進一步昇華。

宋初「厲行文治」的主要內容有:

其一是尊孔崇儒。太祖、太宗丕變弊俗,崇尚斯文。〔註104〕建隆元年(960),詔修孔廟,親自為贊;建隆二年(961),下令貢舉人至國子監謁孔子,著為定例;建隆三年(963),令用一品禮祭孔子。太平興國三年(978),下詔恢復孔氏後裔免役免稅權,孔子及儒學的地位得到提高。儒臣學官及館閣侍從亦受到特別的禮遇和尊重。宋人范祖禹評論道:「太祖皇帝承五代之季,受天眷命,皇業初基,日不暇給。而即位之月,首幸國學,謁款先聖,次月又幸,尊師重道,如恐不及,儒學復振,寔自此始,所以啟祐後嗣立太平之基也。」〔註105〕

史載顯示,太宗亦曾多次幸國子監聽講,於講官褒庇非常。〔註106〕太宗嘗

〔註97〕 (宋)吳曾:《能改齋漫錄》卷4《崇政殿說書》,文淵閣四庫全書本,第850冊,臺灣商務印書館1986年版,第547頁。

〔註98〕 (宋)王辟之:《澠水燕談錄》卷6《文儒》,中華書局點校本1981年版,第70頁。

〔註99〕 《續資治通鑑長編》卷7,乾德四年五月,第171頁。

〔註100〕 《續資治通鑑長編》卷13,開寶五年十二月,第293頁。

〔註101〕 《宋史》卷1《太祖紀一》,第11頁。

〔註102〕 (宋)司馬光:《涑水記聞》卷1「武臣亦當讀經書」,中華書局點校本1989年版,第15頁。

〔註103〕 (宋)李攸:《宋朝事實》卷3《聖學》,文淵閣四庫全書本,第608冊,臺灣商務印書館1986年版,第30頁。

〔註104〕 《續資治通鑑長編》卷79,大中祥符五年十月辛酉,第1799頁。

〔註105〕 (宋)范祖禹:《帝學》卷3《宋太祖皇帝》,文淵閣四庫全書本,第696冊,臺灣商務印書館1986年版,第742~743頁。

〔註106〕 分見《續資治通鑑長編》卷29,端拱元年八月庚辰;卷36,淳化五年十一月丙寅,第656~657、801頁。

謂近臣曰：「學士之職，清切貴重，非他官可比，朕常恨不得為之。」〔註107〕表達了對翰林學士的倚重之情。與此同時，優給文臣俸祿，以示對文士的恩寵。〔註108〕儒學自唐末以來不為人重的情形得以糾正。

其二是大興科舉。太宗對於人才十分器重，認為「國家選才，最為切務，人君深居九重，何由徧識，必須採訪」，「朕孜防訪問，止要求人，庶得良才以充任使」〔註109〕，希望通過選拔人才，達到「巖野無遺逸，而朝廷多君子」的目的。宋初人才選取的途徑主要有三個方面，首先是將被征服的大江南北之地的知識分子，吸納進政權，甚而委以要職；其次，通過察舉孝廉、茂才，使大批知識分子報國有門；最後是通過科舉考試大量選拔讀書人，充實各級政府機構。〔註110〕

上述三者當中，科舉考試無疑是宋初選拔錄用讀書人的主要途徑。據統計，太祖建隆元年（960）至開寶八年（975）的15年間（開寶七年停貢舉一年），共取進士188人，平均每榜約13人；諸科155人，賜本科出身106人，取士總額為343人，平均每榜約23人。為確能求取真才實學之輩，太祖對科場中的弊端也採取了若干懲治措施，如禁止結成座主、門生的關係，嚴禁朝臣公薦舉人，控制貢舉官的權力，防止舉人作弊等等。〔註111〕其中對於加強皇權最為有力的措施，莫過於殿試制度的推行。開寶六年（973），「帝御講武殿覆試，覆試自此始」〔註112〕。將殿試設為常試，有效地防範了仕宦子弟利用特權棲身仕途的可能，正如開寶八年（975）二月詔令所說：「向者登科名級，多為勢家所取，致塞孤寒之路，甚無謂也。今朕躬親臨試，以可否進退，盡革疇昔之弊矣。」〔註113〕勢家壟斷仕途的舊習，一去不復返，門第從此不再成為進入政治權力中心的通行證。實行殿試制度，由皇帝把持選人的最後一關，使其成為「天子門生」，也就打破了漢唐時期「門生故吏」的傳統格局，這當然有利於皇權的加強。

太宗時期科舉考試錄取的人數大幅上漲，張其凡師認為，這一時期科舉考試有兩個顯著特點：取士多，擢升速。太宗一朝凡22年，開科8次，雖僅

〔註107〕《續資治通鑑長編》卷34，淳化四年五月丙午，第749頁。

〔註108〕參見姚瀛艇：《宋代文化史》，河南大學出版社1992年版，第18～20頁。

〔註109〕《續資治通鑑長編》卷24，太平興國八年六月戊申，第547頁。

〔註110〕參見苗春德：《宋代教育》，河南大學出版社1992年版，第13～14頁。

〔註111〕《趙普評傳》，第149～151頁。

〔註112〕《澠水燕談錄》卷6《貢舉》，第67頁。

〔註113〕《續資治通鑑長編》卷16，開寶八年二月戊辰，第336頁。

及太祖開科次數的一半，但取士總數超過太祖時期 10 餘倍。太宗朝共取進士 1487 人，平均每榜約 186 人；諸科 4315 人，共計取士 5802 人，平均每榜約 725 人。而且太宗朝對錄取的士人極為優遇，提升較快，太祖之世，無一人由進士而至宰執。太宗時進士，位至宰執者，共有 18 人之多。至太宗後期，其錄取的知識分子已滿布中樞要津。〔註 114〕君主官僚政權初步成型。此前「家尚譜牒，身重鄉貫」的原則，是漢唐君主貴族政體的典型體現，宋初以後逐步成型的「家不尚譜牒，身不重鄉貫」的做法，則是君主官僚政治形成的標誌。南宋陳傅良一語中的：「自國初以行舉，誘致偏方之士而聚之中都，向之為閩、蜀、唐、漢偽官者，往往慕化從順，願仕於本朝，由是家不尚譜牒，身不重鄉貫，以此得人。」〔註 115〕

宋初「重文教，抑武事」的政策，抬高了士人的社會地位，文臣在政治活動中發揮的作用越來越大，從而抑制了五代以來武人專橫跋扈的張狂之勢，「重武輕文」的風尚漸得改變，文臣地位終於超越了武將。即如史載：「舊制：凡入兩府，許薦館職，試出身、任監司者各一人。樞相王公德用，自圃田復召入長宥。密有干薦館職者，王曰：『以君進士登科，所薦應格矣。然某武人，素不閱書，若奉薦，則色叫矣。』世以為知言，蓋今人以事理不相當者為色叫。」〔註 116〕武人不知書，雖至高位，亦自覺遜色於文臣，左右政治局勢的能力已經是大大降低。蔡襄的總結更見精當：「國家既平四方，追鑒前失，凡持邊議，主兵要，內宥密而外方鎮，多以儒臣為之任。武臣剗去角牙，磨治壯戾，妥貼處行伍間，不敢亢然自較輕重。然則今天下安危大計，其倚重於儒臣乎？」〔註 117〕近人陳登原先生亦指出，「武臣既束手歸朝，在文治之下，甘聽文人之嘲弄，而莫敢誰何矣」，故「北宋一代，武臣甚見侮於文臣」〔註 118〕。以上諸事雖均非宋初，但其根源仍在於「蓋皆太祖、太宗以來，重文輕武之延長」〔註 119〕。

〔註 114〕《宋太宗》，第 84～103 頁。

〔註 115〕（宋）陳傅良：《止齋文集》卷 35《答林宗簡》，文淵閣四庫全書，第 1150 冊，臺灣商務印書館 1986 年版，第 777 頁。

〔註 116〕（宋）王得臣：《塵史》卷 2《體分》，文淵閣四庫全書，第 862 冊，臺灣商務印書館 1986 年版，第 617 頁。

〔註 117〕（宋）蔡襄：《蔡襄集》卷 29《送馬承之通判儀州序》，上海古籍出版社 1996 年版，第 512 頁。

〔註 118〕陳登原：《中國文化史》卷 3《近古卷·杯酒釋兵權》，遼寧教育出版社 1998 年版，第 447 頁。

〔註 119〕陳登原：《國史舊聞》卷 32《宋初重文輕武》，中華書局 2000 年版，第 252 頁。

美國學者包弼德考察了唐至宋初士的轉型,對宋初重用士人的原因和結果,曾有精闢分析,他說:「當宋朝國初的君主支持士……他們這樣做是因為士是心甘情願的下屬,沒有獨立的權力,依賴於至高的權威來獲得政治地位,而且他們是出於對文官文化的追求來履行職責,這對於中央權威的制度化,其價值之大,無法估量。」而「利用士來統治,是皇室希望利用有能力卻沒有權力基礎的人的一個例證。正像過去的經驗所表明,武將是有用的但卻是有潛在的危險的」〔註120〕。這番評論道出了問題的實質,即宋太祖、太宗致力於文教的真實想法,是借助文臣地位的提高,打擊武夫,拱衛皇權,維護趙宋政權的統治,最終則形成了宋代皇帝「與士大夫共治天下」的格局。宋初的「士」明顯有別於漢唐時代的「士」,門閥士族制度下的士人,有田莊,有部曲,有門生故吏,有家冑郡望,有官場背景和關係!而宋初的士大夫則必須依靠皇權來實現治國平天下的理想。

(三)分割相權,加強皇權

宰相是百官之首,在傳統社會政治體制中佔據著舉足輕重的地位。自秦始皇始置丞相以總百揆,輔佐皇帝處理政務以來,即形成了宰相制度,同時也就產生了相權與皇權的矛盾。一方面,國家機器的正常運轉,要求宰相能在皇帝的專制之下,忠實地履行職責;另一方面,宰相權力的擴大,又勢必削弱皇權,迫使皇帝又不斷採取各種措施以限制相權。但從總體上來看,相權從屬於、服務於皇權。五季宋初相權的流變,經歷了從受牽制、受干預,乃至被分割的過程。

五代宰相制度上承唐代,不同的是,三省長官頭銜多授諸節度使或功臣宿將,而門下侍郎、中書侍郎加平章事,各部尚書、侍郎加平章事或司徒加平章事均為宰相。宰相普遍兼帶職務,其權力體現於議事決策的活動中,其職的榮譽性質漸多。實際上,五代樞密使之權最重,起初君主任命心腹擔當,以侵蝕相權,膨脹王權。至後唐,樞密使已位居宰相之上,「遂奪宰相之權,而宰相反擁虛名」〔註121〕。五代後期更出現了「樞密之權,等於人主」〔註122〕的反常

〔註120〕〔美〕包弼德:《斯文:唐宋思想的轉型》,江蘇人民出版社2001年版,第57頁。

〔註121〕(清)王鳴盛:《十七史商榷》卷95《新舊五代史三·郭崇韜安重誨皆樞密兼節度》,上海古籍出版社點校本2005年版,第881頁。

〔註122〕《廿二史劄記校證》卷22《五代樞密使之權最重》,第471頁。

現象。至後周太祖、世宗時期，相權削弱的事實依然如故，而樞密院的權力擴張，則是造成相權不振的重要原因。若從加強皇權的角度來看，其時需要警惕的恰恰是擁有軍事實力背景的樞密使副之流。後周世宗柴榮，極為重視對樞密院的監控，通過任命親信文人知樞密院事，如魏仁浦、王樸以及范質和王溥等，有效地限制了樞密使權力的泛濫，使得皇權的威力進一步增大。〔註 123〕

延及宋初，在重文抑武、削弱藩鎮的同時，又將削弱相權提上了議事日程。為使相權服從於加強專制王權的需要，宋初於宰相之外，設參知政事為副相，牽制宰相。「太祖登極，仍用周朝范質、王溥、魏仁浦三宰相，四年皆罷，趙普獨相。越三月，始創參知政事之名，而以命薛居正、呂餘慶，後益以劉熙古，是為一相三參。及普罷去，以居正及沈義倫為相，盧多遜參政。太宗即位，多遜亦拜相。凡六年，三相而無一參。自後頗以二相二參為率」〔註 124〕。軍政則由樞密院主管，「（樞密院）事柄遂與中書均，分軍民為二體，別文武為兩途」〔註 125〕。宰相與樞密使分持文武二柄，稱「二府」。另設三司使主管財政，號稱計相。宰相、參知政事、樞密使和計相共同組成宰執集團。而以三司使副和樞密使副分取宰相的財政和軍政大權，大大貶抑了宰相個人在政治活動中的能量。〔註 126〕這種「分化事權」的辦法，便於皇帝操縱宰執集團，皇權明顯增強。

需要說明的是，在宋初宰相制度的設計中，以分化事權、加強皇權為旨歸的基本精神，在整個官僚制度中亦有體現。事實上，與分割相權相呼應，宋初官僚制度中存在著「官」「職」「差遣」的區分，「官以寓祿秩、敘位著，職以待文學之選，而別為差遣以治內外之事」〔註 127〕，其中唯有「差遣」才有實際責任和權力，官僚被授予這種臨時性質的職事，因非治本司事，深感

〔註 123〕 分見《舊五代史》卷 114《周世宗紀一》；卷 117《周世宗紀四》，第 1519、1560、1561 頁；《五代會要》卷 24《樞密使》，第 377 頁。
〔註 124〕 （宋）洪邁：《容齋三筆》卷 1《宰相參政員數》，中華書局點校本 2005 年版，第 435 頁。
〔註 125〕 《續資治通鑒長編》卷 137，慶曆二年七月壬寅，第 3281 頁。
〔註 126〕 關於相權、皇權強弱關係的問題，長期以來學界聚訟紛紜，莫衷一是。筆者傾向於張邦煒先生的觀點，即皇權與相權之關係並非絕對對立，在宋代呈現出此強彼亦強的情形。參見氏著《宋代皇帝與政治》，四川人民出版社 1993 年版，第 356~359 頁。具體而言，宰相作為個體其權力已被分割，對皇權的威脅基本消除，有利於專制皇權對官僚的控制；而宰執群體處理行政事務的權力卻有所增加，這也正是宋代文官政治的特色之一。
〔註 127〕 《宋史》卷 161《職官志一》，第 3768 頁。

「名若不正，任若不久」〔註 128〕。而且官員居官不親本職的規定，更使「事之所寄，十亡二三」〔註 129〕。這套制度的推行，顯然有利於皇帝監控整個官僚系統的構成和運作情況，明確皇帝是官僚機構唯一主宰的概念。皇權的崇高地位由此進一步獲得了制度化的保障，更為牢固與持久。

實際上，宋初官僚制度的最大特點就是對臣僚的防範，誠如王亞南先生所說：「所謂寢食不安，所謂宵旰圖治，在天下已定或大定之後，主要還不是為了對付人民，而是為了對付臣屬哩！」〔註 130〕太祖疑忌武夫，曾對趙普等說：「五代方鎮殘虐，民受其禍，朕令選儒臣幹事者百餘，分治大藩，縱皆貪濁，亦未及武臣一人也。」〔註 131〕用文臣治理國家，縱使貪濁，相較於武夫亂政，危害程度自然小得多。問題的癥結在於，「專制官僚社會統治者對其臣下，或其臣下對於僚屬所要求的只是『忠實』，不是『清廉』，至少兩者相權，寧願以不清廉保證『忠實』」〔註 132〕。然而，對文臣的防範絲毫也未懈怠。太宗嘗言：「先皇帝創業垂二十年，事為之防，曲為之制，紀律已定，物有其常，謹當遵承，不敢踰越。」〔註 133〕又說：「國家無外憂必有內患。外憂不過邊事，皆可預防；姦邪共濟為內患，深可懼也。」〔註 134〕更是露骨地表達了對大臣的警惕，並視其重要性甚於邊事。太宗在位時，田錫、謝泌就對太宗的用人提出過批評，認為他對大臣「任而疑之」「疑而用之」「疑執政大臣，為衰世之事」〔註 135〕。其消極作用是造成了大臣因循苟且的作用，但在客觀上卻大大加強了皇權，對鞏固專制統治極為有利。太宗因其多疑和剛愎自用，甚而被日本學者認為是宋代君主獨裁體制的創始者。〔註 136〕

故此，宋初的官僚制度是歷史發展的產物，其重點是矯正晚唐以來官僚

〔註 128〕 《水心別集》卷 14《紀綱二》，第 813 頁。
〔註 129〕 《宋史》卷 161《職官志一》，第 3768 頁。
〔註 130〕 王亞南：《中國官僚政治研究》，中國社會科學出版社 1981 年版，第 46～47 頁。
〔註 131〕 《續資治通鑒長編》卷 13，開寶五年十二月，第 293 頁。
〔註 132〕 《中國官僚政治研究》，第 66 頁。
〔註 133〕 《續資治通鑒長編》卷 17，開寶九年十月乙卯，第 382 頁。
〔註 134〕 《宋史》卷 291《宋綬傳》，第 9734 頁。
〔註 135〕 《續資治通鑒長編》卷 25，雍熙元年八月癸巳；卷 32，淳化二年四月，第 585、715 頁。
〔註 136〕 〔日〕竺沙雅章著，方建新譯：《宋朝的太祖和太宗——變革時期的帝王》，浙江大學出版社 2006 年版，第 142 頁。

系統不能俯首於皇權的狀況，是專制皇權重新確立和日益鞏固的重要表現。因而專制官僚政體的確立，大大有益於皇權的加強，正如論者所言：「長期的專制官僚統治無疑大有助於那種政治支配者，使他們有時間有機會把社會一切可資利用的力量動員起來；把一切『有礙治化』的因素設法逐漸排除出去。『道一風同』的局面一經造成，治化上顯出的貫徹作用也就既深且大了。反過來講，這些又是官僚統治得以長久維持的原因。」〔註137〕

總之，五季至宋初的歷代帝王，奮發作為，通過懲治貪虐，嚴密法網，重振了皇威；大興文教，廣開仕途，重用士人，以科舉為選官正途，使皇權端正了在「天子門生」意識中的崇高地位；而牽制、分割相權，分化事權，杜絕了臣僚權力膨脹的現象，加強了皇權。所以說，五季宋初的專制皇權，毫無疑義地呈現出從毀壞至重建，又至加強的總體發展趨勢。在其後的元、明、清社會中，專制皇權力量的增長，更顯現出難以阻擋的強勁勢頭。

二、強幹弱枝，政令一統的中央集權趨勢

專制主義，處理的是皇帝與百官臣僚的關係問題；中央集權處理的是中央政府與地方政府的關係問題，「所謂中央集權，是指國家權力由低級的地方單位集中統一於中央政府的行政制度」，其「核心內容是：地方各級官府無獨立性，統一服從於中央政府，受中央政府的領導和監督，執行中央政府的法律、法令、政策、指示和命令」〔註138〕。由於中國傳統社會中，專制君主擁有至高無上的、不受制約的權力，高居於整個官僚集團的權力頂端，所以專制主義與中央集總緊緊地纏繞在一起，兩者有著千絲萬縷的聯繫。就古代帝國而言，中央集權被視為最有效的政府組織形式，其對立面是地方分權。艾森斯塔得認為，歷史上各種官僚社會的統治者，其具體目標雖然大為不同，「但是不管具體目標是什麼，統治者總是將之視為一個統一的中央集權政權的自主政治目標，並由此而加以貫徹」，而「為了能夠貫徹其目標，他們就被迫發展出一些新的、進一步的一般性目標」，「第一個一般性的目標，是建立和維持統一的中央集權的政權，以及統治者的最高主權」〔註139〕。

〔註137〕《中國官僚政治研究》，第28頁。
〔註138〕李治安：《中國古代官僚政治》，中國社會科學出版社1993年版，第248～249頁。
〔註139〕〔以〕艾森斯塔得：《帝國的政治體系》，貴州人民出版社1992年版，第118～119頁。

　　如前所述，五代十國是晚唐以來藩鎮割據局面的延續和發展，天下「瓜分豆掊」，四分五裂。五代時期，崛起的藩鎮節度使承繼了分割中央政府權力的老套路，全面掌握地方的軍事、經濟和行政治事權，中央政府難以插足。地方對中央政府的離心傾向，較之唐末，有增無減。藩鎮名義上隸屬於中央政府，事實上不向中央承擔任何義務，置朝廷威令於不顧，「天子力不能制」，君主已無法利用手中的令牌指使各地藩鎮。而且藩鎮對抗中央王朝的叛亂，時有發生，中央王朝僅具形式上的意義。藩鎮勢力的張揚，對中央王朝的生存和發展構成了莫大的威脅。五代政權的遞嬗也無不以軍事實力為後盾，驕帥悍卒嘗演變為政治生活中的絕對主宰，「守宰者皆武夫，率以兵戈為急務」〔註140〕，軍事實力的較量儼然成為政治生活中的唯一主題。削奪藩鎮力量，集軍事、經濟、行政大權於中央，使中央政府在與地方的力量對比上佔有壓倒性的優勢地位，才能遏止地方勢力的離心傾向，最終實現中央集權的目的。即如史載：

> 太祖既得天下，誅李筠、李重進，召趙普問曰：「天下自唐季以來，數十年間，帝王凡易十姓，兵革不息，蒼生塗地，其故何也？吾欲息天下之兵，為國家建長久之計，其道何如？」普曰：「……唐季以來，戰鬥不息，國家不安者，其故非他，節鎮太重，君弱臣強而已矣。今所以治之，無他奇巧也，惟稍奪其權，制其錢穀，收其精兵，則天下自安矣。」語未畢，上曰：「卿勿復言，吾已諭矣。」〔註141〕

這段對白所體現的中心內容，往往被學界視作為太祖削藩的指導思想，「稍奪其權，制其錢穀，收其精兵」，更被有些學者稱為宋初打擊地方勢力的三大手段。削兵權，斷財權，收行政權，三者步步為營，其思路十分明顯。後周的改革尤其是宋初的直接引路人，只不過宋初的改革更全面、更徹底，一舉摧毀了藩鎮賴以立足的一切權力資源。

（一）挫抑武夫，集兵權於中央

　　軍隊是晚唐五代藩鎮節帥賴以生存的命根子，「擁兵自重」便成為其與

〔註140〕（宋）文瑩：《玉壺清話》卷9《李先主傳》，中華書局點校本1984年版，第87頁。

〔註141〕《涑水記聞》卷1「杯酒釋兵權」，第11頁。

中央分庭抗禮的砝碼，所謂「兵權所在，則隨以興；兵權所去，則隨以亡」〔註142〕。五代時期任何一個王朝一旦建立，就必須直接面臨節鎮武夫的強有力挑釁。北宋建國之初，亦不例外。所謂「兵驕則逐帥，帥強則叛上」〔註143〕，就是當時情況的真實寫照。趙翼指出，五代時期，「藩鎮既蔑視朝廷，軍士亦脅制主帥」〔註144〕，乃至天子亦成為武夫的掌中之物，「軍士策立天子，竟習以為常」〔註145〕，五代諸帝中不乏由軍士擁立者。〔註146〕由於五代時期軍力最強者搶到了皇位，其所統帥的軍隊自然成了中央禁軍，因而，禁軍的向背又成為新舊王朝興替的關鍵因素。禁軍的驕惰也就與日俱增，貪欲亦無止境，倘若人主昏庸，中央政府軟弱無能，新一輪的背叛行為隨時都有可能發生。正如張其凡師所說：「五代時期禁軍已成為統治者的腹心之患，經常變起肘腋。」〔註147〕例如後唐明宗、末帝與後周太祖，都是由禁軍擁戴上臺的，唐明宗、周太祖更是由禁軍統帥登上皇位。職此之故，為了真正把軍權收歸於中央，進而集中到皇帝手中，必須從消除肘腋之患——禁軍入手，再解決手足之患——鎮兵。

首先來看禁軍的整編。後周太祖郭威一生從戎，悉知武夫作亂的可怕後果，故最早從嚴肅軍紀入手，逐步展開了對禁軍的整頓。為了糾正五代士卒剽掠成習、滋事擾民的傳統，廣順二年（952）春正月，周太祖討伐慕容彥超，警告出征將士：「諸軍入兗州界，不得下路停止村舍，犯者以軍法從事。」〔註148〕這與此前以許諾諸軍剽掠來調動士氣的做法截然相反。由此亦反映出郭威嚴明軍紀，抑制武夫囂張氣焰的決心。

世宗整軍始於高平之戰。顯德元年（955）三月，乘周主新喪，契丹、北漢勾結南下，世宗力排眾議，麾師出征，兩軍於高平遭遇。後周侍衛馬軍、步軍都指揮使樊愛能、何徽不遵號令，率軍潰逃。世宗臨亂不懼，親自督戰，一舉擊潰敵軍，並乘機整肅軍隊，斬殺臨陳脫逃的大將樊愛能、何徽等72人，

〔註142〕 （宋）范浚：《香溪集》卷8《五代論》，文淵閣四庫全書，第1140冊，臺灣商務印書館1986年版，第71頁。
〔註143〕 （宋）歐陽修、宋祁：《新唐書》卷50《兵志》，中華書局點校本1975年版，第1329頁。
〔註144〕 《廿二史箚記校證》卷21《五代諸帝多由軍士擁立》，第467頁。
〔註145〕 《廿二史箚記校證》卷21《五代諸帝多由軍士擁立》，第465〜466頁。
〔註146〕 《廿二史箚記校證》卷21《五代諸帝多由軍士擁立》，第464頁。
〔註147〕 張其凡師：《宋初兵制改革初探》，《暨南學報》1989年第4期。
〔註148〕 《舊五代史》卷112《周太祖紀三》，第1479頁。

自是「驕將惰卒股慄而知懼矣」〔註149〕。「百年以來，飛揚跋扈之氣習為之漸息。」〔註150〕宋人對周世宗高平整軍有如下評價：「世宗患諸將之難制也久矣，思欲誅之，未有其釁，高平之役，可謂天假，故其斬決而無貸焉。自是姑息之政不行，朝廷始尊大，自非英主，其孰能如此哉。」〔註151〕高平之戰後，世宗下決心整頓禁軍。原因蓋在於，五代以來，「宿衛之士，累朝相承，務求姑息，不欲簡閱，恐傷人情，由是羸老者居多；但驕蹇不用命，實不可用，每遇大敵，不走即降，其所以失國，亦多由此」〔註152〕。改變兵員雖多，戰鬥力卻不強，又耗費甚巨的辦法是，「宜令一一點選，精銳者升在上軍，怯懦者任從安便。庶期可用，又不虛費」〔註153〕。為進一步充實禁軍力量，世宗又下令從民間招募強壯勇猛之人，補充禁軍。即如史載：「召募天下豪傑，不以草澤為阻，進于闕下，躬親試閱，選武藝超絕者及有身首者，分署為殿前諸班。」〔註154〕「至是命今上一概簡閱，選武藝超絕者，署為殿前諸班，因是有散員、散指揮使、內殿直、散都頭、鐵騎、控鶴之號。復命總戎者，自龍捷、虎捷以降，一一選之，老弱羸小者去之，諸軍士伍，無不精當。」〔註155〕設立殿前司，統帥禁軍。上述措施使禁軍力量得到大大增強，內輕外重的格局發生了重大變化，中央政府軍事實力的優勢日益明顯。

當然，真正弭平禁軍之患還得等到宋初。宋太祖從「陳橋兵變」的切身體驗出發，認識到禁軍統帥易於淪為政變領袖，故而不使禁軍宿將典領禁軍。建隆二年（961）閏三月，「殿前都點檢、鎮寧節度使慕容延釗罷為山南西道節度使，侍衛親軍都指揮使韓令坤罷為成德節度使。自是，殿前都點檢遂不復除授」〔註156〕。同年七月，又用「杯酒釋兵權」的手段，以厚賜和聯姻等方式籠絡人心，剝奪了石守信、王審琦等高級禁軍將領的職權，充為各地節度使，〔註157〕改而任用閱歷不深、威望不高或較為溫馴的將領典兵，如李重

〔註149〕《冊府元龜》卷57《帝王部·英斷》，第640頁。
〔註150〕《讀通鑑論》卷30《五代下》，第1089頁。
〔註151〕（宋）陶岳：《五代史補》卷5《世宗誅高平敗將》，五代史書彙編本，第5冊，杭州出版社點校本2004年版，第2527頁。
〔註152〕《資治通鑑》卷292，後周太祖顯德元年十月，第9518～9519頁。
〔註153〕《五代會要》卷12《京城諸軍》，第206頁。
〔註154〕《五代會要》卷12《京城諸軍》，第206頁。
〔註155〕《舊五代史》卷114《周世宗紀一》，第1522頁。
〔註156〕《續資治通鑑長編》卷2，建隆二年閏三月甲子，第42頁。
〔註157〕《涑水記聞》卷1「杯酒釋兵權」，第11頁。

贇、李繼勳、曹彬等。又將侍衛司分解為馬軍、步軍二司，至宋真宗時則與殿前司一併合成為「三衙」，其高級將領從此不予任命。「三衙」有指揮權而無調兵權，樞密院有調兵權而無指揮權，禁軍的控制權已牢牢地為人主所把握。至是，禁軍的驕橫恣狂氣息被一掃而光，近百年來困擾中央政府的禁軍問題終於銷聲匿跡。

再來看削弱鎮兵。藩鎮兵是節度使麾下的軍隊，藩鎮勢力猖獗的幕後英雄是強大的藩鎮軍隊。藩鎮兵多由藩帥招募，軍需由國家供給，因屯駐地和軍事職責的不同，分為牙兵、後院兵、牙外兵、外鎮兵與州兵五種。牙兵是藩鎮兵的核心武裝，「帥強叛上」憑恃的正是強大的牙兵。削弱藩鎮軍事力量的首要任務，是剷除藩鎮牙兵的勢力。完成於宋初的削藩並非一蹴而就，即如論者所言：「五代宋初的削藩進程經歷了幾代人的長期努力。」〔註 158〕具體來看，後周和宋初的削藩，大致經歷了如下過程。

後周太祖廣順元年（951）五月，郭威下令從地方鎮兵中挑選強壯士卒，補充禁軍力量，「詔諸州於州兵內選勇壯并家屬赴京師」〔註159〕，鎮兵精銳被抽調後，其戰鬥力自然大為減弱。接著著手收拾不遵號令的武人，如廣順二年（952）五月，斬殺反叛的泰寧節度使慕容彥超；〔註160〕廣順三年（953）五月，「前慶州刺史郭彥欽勒歸私第」，當年十月，罷任寧州刺史張建武；〔註161〕同年十二月，賜死前單州刺史趙鳳；〔註162〕廣順三年（953）三月、十二月剪除王峻、王殷。〔註163〕上述針對武將的打擊，使得武人的強勢勢力被極大遏制，方鎮一時無敢叛亂。

宋初削奪藩鎮措施更為周密，關鍵手段則是從鎮兵中選募精銳充實禁軍。乾德三年（965）八月，太祖「令天下長吏擇本道兵驍勇者，籍其名送都下，以補禁旅之闕。又選強壯卒，定為兵樣，分送諸道。其後又以木梃為高下之等，給散諸州軍，委長吏、都監等召募教習，俟其精練，即送都下」〔註164〕。

〔註158〕齊勇鋒：《五代藩鎮兵制和五代宋初的削藩措施》，《河北學刊》1993 年第 4 期。

〔註159〕《冊府元龜》卷 124《帝王部・修武備》，第 1493 頁。

〔註160〕《舊五代史》卷 112《周太祖紀三》，第 1481 頁。

〔註161〕《舊五代史》卷 113《周太祖紀四》，第 1496 頁，第 1499 頁。

〔註162〕《舊五代史》卷 113《周太祖紀四》，第 1500 頁。

〔註163〕分見《舊五代史》卷 130《王峻傳》，第 1715 頁；同書卷 113《周太祖紀四》，第 1500 頁。

〔註164〕《續資治通鑒長編》卷 6，乾德三年八月，第 156 頁。

「凡其才力伎藝有過人者，皆收補禁軍，聚之京師，以備宿衛。厚其糧賜，居常躬自按閱訓練，皆一以當百。諸鎮皆自知兵力精銳非京師之敵，莫敢有異心者。」〔註165〕鎮兵中的精兵銳卒被悉數選入禁軍，留下的盡皆老弱之輩，「雖無戍更，然罕教閱，類多給役而已」〔註166〕，由此徹底清除了鎮兵的威脅。同時，嚴禁節度使豢養私人武裝，乾德四年（966），殿前都指揮使、領江寧軍節度使韓重贇以「私取親兵為腹心」，為人告發，太祖大怒，幾欲誅之。〔註167〕至此地方節度使完全失去了對抗朝廷的武裝力量。在此基礎上，太祖從開寶三年（970）起，陸續罷除武人的節度使職位，任命文臣管理各地軍政事務，然後再行「強幹弱枝」「內外相維」之策，使駐屯京師的軍隊數量與地方駐軍數量大致相當，增強京師對地方的控制力。〔註168〕這一系列措施的推行，使藩鎮節度使的兵權被剝奪無餘。自此以降，唐末以降鎮兵作亂的悲劇再未重演於中國大地。

在宋初的兵制建設中，還實行了「階級法」「更戍法」和「荒年募兵法」。「階級」指軍隊內部的等級尊卑關係，各級軍校在此等級序列中，各司其職，各專其位，以此防止軍中變亂。太祖還制定了「更戍法」，禁軍常年分戍各地，三年一換防，更出迭入，奔走路途，不使上下人情習熟，將不得專兵，而兵亦不至驕惰，以至「兵無常帥，帥無常師，內外相維，上下相制，等級相軋，雖有暴戾恣睢，無所厝於其間。是以天下晏然，逾百年而無犬吠之驚，此制兵得其道也」〔註169〕。由此，中央政府對軍隊的收束日益嚴密。而「荒年募兵法」的實施則有釜底抽薪之效，太祖趙匡胤說：「可以利百代者，唯養兵也。方凶年饑歲，有叛民而無叛兵；不幸樂歲而變生，則有叛兵而無叛民。」〔註170〕軍隊成為維護中央集權統治的強有力保障。其因蓋在於，原來作為藩鎮兵源的「四方無賴不逞之人」〔註171〕因此而轉化為中央政府的兵源。

〔註165〕《涑水記聞》卷1「收諸道精兵」，第13頁。

〔註166〕《宋史》卷189《兵志三·廂兵》，第4639頁。

〔註167〕《宋史》卷250《韓重贇傳》，第8823頁。

〔註168〕參見李裕民先生：《宋史新探》，陝西師範大學出版社1999年版，第13～14頁。

〔註169〕《文獻通考》卷152《兵四·兵制》引《兩朝國史志》，考一三二七。

〔註170〕（宋）晁說之：《景迂生集》卷1《元符三年應詔封事》，文淵閣四庫全書本，第1118冊，臺灣商務印書館1986年版，第16頁。

〔註171〕（宋）朱弁：《曲洧舊聞》卷9《藝祖兵制》，中華書局點校本2002年版，第212頁。

（二）控扼地方經濟，集財權於中央

如前所述，晚唐以降藩鎮悍帥割據一方，與中央政府分庭抗禮，是因手中握有軍隊，而這些藩鎮所控制的地方財政，則是其手中軍隊賴以生存的經濟基礎。唐末藩鎮「皆自擅兵賦，迭相吞噬，朝廷不能制」，「大約郡將自擅，常賦殆絕，藩侯廢置，不自朝廷，王業於是蕩然」〔註172〕，「自唐天寶以來，方鎮屯重兵，多以賦入自贍，名曰留使、留州，其上供殊鮮」〔註173〕。五代仍然是「戶版不籍於天府，稅賦不入於朝廷」〔註174〕，各地藩鎮不僅控制了兩稅的徵收，就是原屬三司管轄的監院場務，也多為其所把持。並且，五代藩鎮的貿易營利較之唐代有過之而無不及。因此，為了徹底杜絕地方割據的重演，必須將地方財權也收歸中央，同時各地上繳的貢賦是維持龐大的國家機器運轉的基本資源，一旦這種資源萎縮或枯竭，中央政府的統治危機亦將接踵而至，集權體制就會產生動搖，甚而瓦解。所以，通過制度來暢通並保持這種財富由下至上的運行線路，是五季宋初四朝君主的又一重要目標。這個目標是通過整頓地方軍需體制、整齊幣制和溝通漕運三個步驟而實現的。

先說整頓地方軍需體制。為解決節度使、刺史「私造器甲」問題，廣順二年（952）十月，周太祖「以諸州器甲，造作不精，兼占留屬省物用過當」為由，規定「諸州罷任或朝觀，並不得以器械進貢」，軍器作坊只設於京師，「仍選擇諸道作工，赴京作坊，以備役使」〔註175〕。各地藩鎮不得自造軍器，自此中央政府掌握了軍器生產的大權。

並且，藩鎮賦稅的徵取大權，也被收歸中央。後周廣順三年（953）七月，太祖郭威下詔，禁止藩帥「差監徵軍將下縣」收稅。〔註176〕北宋建隆二年（961）二月，太祖趙匡胤規定由朝廷派遣常參官主持地方稅收，禁止藩鎮親吏插手干預，「先是，藩鎮率遣親吏視民租入，概量增溢，公取餘羨，符彥卿在天雄軍，取諸民尤悉。上聞之，即遣常參官分主其事，民始不困於重斂」〔註177〕，並將這一做法推廣開來。稍後又下令地方上的兩稅、征榷等收入，除維持地方事權開支的需外，全部輸送京師。乾德二年（964）十二月，「始令

〔註172〕《舊唐書》卷19《僖宗紀下》，第720頁。
〔註173〕《續資治通鑑長編》卷6，乾德三年三月，第152頁。
〔註174〕《舊唐書》卷141《田承嗣傳》，第3838頁。
〔註175〕《舊五代史》卷112《周太祖紀三》，第1485頁。
〔註176〕《舊五代史》卷113《周太祖紀四》，第1498頁。
〔註177〕《續資治通鑑長編》卷2，建隆二年二月，第39～40頁。

諸州自今每歲受民租及筦榷之課,除支度給用外,凡緡帛之類,悉輦送京師」
〔註178〕。乾德三年(965)三月,再次申令,諸州除「度支經費外,凡金帛以
助軍實,悉送都下,無得占留」〔註179〕;並規定地方上的關市、榷鹽、榷酒
等賦稅收入,亦由朝廷所控制,遣京師朝官、廷臣「監臨所在場院」,於諸道
設置轉運使、通判等,因而「文簿漸為精密,由是利歸公上而外權削矣」〔註
180〕。上述措施的逐步落實,最終抽掉了藩鎮跋扈的物質基礎。〔註181〕

再看整頓幣制。五代幣制的混亂,也為藩鎮勢力的張揚廓開了方便之門。
後唐時期,「泉布之弊,雜以鉛錫」,「江湖之外,盜鑄尤多」,諸道州府,因銅
器價貴,多「銷熔見錢,以邀厚利」,銅鐵錢的兌換標準亦各地不一,〔註182〕
各地藩鎮藉此漁利者不在少數。後晉時期曾出現過公私鑄錢「以鉛錫相參,
缺薄小弱,有違條制」〔註183〕的現象,大致能說明藩鎮在鑄幣上玩弄手腳以
獲取利益的行為。後周廣順元年(951)三月敕:「銅法今後官中更不禁斷,一
任興販。所有錢一色即不得銷鑄為銅器貨賣。如有犯者,有人糾告捉獲,所
犯人不計多少斤兩,並處死。」〔註184〕朝廷放開銅的交易禁令,准許興販,
但嚴禁以幣鑄器,謀取暴利,違者將受重罰。顯德二年(955)九月,周世宗
強調「國家之利,泉貨為先」,對於各地州縣私鑄盛行、以銅規利的風氣,採
取「採銅興冶,立監鑄錢」的辦法,〔註185〕從而取締了各地藩鎮自鑄錢幣的
權力。為了充實鑄幣原料,顯德四年(957)二月,要求民間將銅器一律作價
賣入官府,嚴禁隱藏及私下交易,規定「限外,有人將銅器及銅於官場貨賣,
支給價錢,如是隱藏及使用者,並準元敕科斷」〔註186〕。經過整頓,後周時
期錢幣質量明顯提高,數量有所增加,幣制漸趨穩定。更為重要的是,各地
藩鎮節帥再也無權發行錢幣,這是集財權於中央的關鍵一步。

入宋以後,貨幣統一政策得到更為堅定的執行。宋初平定後蜀,因兩川

〔註178〕 《續資治通鑑長編》卷5,乾德二年十二月,第139頁。
〔註179〕 《續資治通鑑長編》卷6,乾德三年三月,第152頁。
〔註180〕 《續資治通鑑長編》卷6,乾德三年三月,第152頁。
〔註181〕 樊文禮:《從宋初的改革措施看唐末五代藩鎮的割據統治》,《內蒙古大學學報》1982年第2期。
〔註182〕 《五代會要》卷27《泉貨》,第434~435頁。
〔註183〕 《五代會要》卷27《泉貨》,第436頁。
〔註184〕 《五代會要》卷27《泉貨》,第436頁。
〔註185〕 《五代會要》卷27《泉貨》,第437頁。
〔註186〕 《五代會要》卷27《泉貨》,第437頁。

仍用鐵錢，太祖開寶年間詔令「雅州百丈縣置監冶鑄」，生產鐵錢。〔註187〕宋滅南唐後，於其原轄地饒州永平設錢監鑄造貨幣。太平興國二年（977），改變南唐鑄用鐵錢的舊例，始鑄銅錢。太平興國六年（981），擴大饒州永平監的冶鑄規模。至道二年（996），於江南東道的池州設置永豐監，鑄造銅幣。由於「宋初，凡輸官者亦用八十或八十為百，然諸州私用則各隨其俗，至有以四十八錢為百者」，地方州縣憑藉特權多入少出，獲利不小，因而在平定廣南、江南後，宋廷下令「所在用七十七錢為百」〔註188〕，以統一標準，規範幣制的流通。宋初於各地設錢監統一鑄幣，杜絕了諸道州府私鑄的積弊，又整齊了製幣標準。

另外，建立四通八達的漕運體制，也是收取地方財權的重要舉措之一。大運河自隋朝開鑿以來，在溝通南北經濟方面發揮了巨大作用，成為南方財賦輸送至京畿的主動脈。晚唐以降，軍閥混戰，漕道失修，「江淮轉運路絕，兩河、江淮賦不上供，但歲時獻奉而已」〔註189〕。後周世宗努力恢復漕運，顯德四年（957）四月，詔令「疏下汴水一派，北入于五丈河，又東北達於濟。自是齊、魯之舟楫，皆至京師」〔註190〕。次年三月，後周糾集丁夫「濬汴口，導河流達于淮，於是江、淮舟楫始通」〔註191〕。顯德六年（959）二月，世宗又「命侍衛馬軍（都）指揮使韓令坤自京東疏下汴水，入于蔡河，侍衛步軍都指揮使袁彥浚五丈河，以通漕運」〔註192〕。初步改變了晚唐以來漕運斷絕、水路湮塞的情況，南北漕糧由是可直達開封。

趙宋立國，有四河以通漕運，而以汴河承擔的漕運任務最重。前述太祖改革兵制，駐重兵於京師，兵食的來源，主要依靠自汴河運來的江淮漕糧。汴河漕運在宋初的情況大致是：「建隆以來，首浚三河，令自今諸州歲受稅租及笠榷貨利、上供物帛，悉官給舟車，輸送京師」；開寶五年（972），「率汴、蔡兩河公私船，運江、淮米數十萬石以給兵食」；「太平興國初，兩浙既獻地，歲運米四百萬石。」〔註193〕漕糧在宋初呈現出明顯增加的跡象，這也表明地

〔註187〕《宋史》卷180《食貨志下二‧錢幣》，第4376頁。
〔註188〕《宋史》卷180《食貨志下二‧錢幣》，第4377頁。
〔註189〕《舊唐書》卷19《僖宗紀下》，第720頁。
〔註190〕《五代會要》卷27《漕運》，第431頁。
〔註191〕《資治通鑒》卷294，後周世宗顯德五年三月，第9582頁。
〔註192〕《五代會要》卷27《漕運》，第432頁。
〔註193〕《宋史》卷175《食貨志上三‧漕運》，第4250頁。

方財權愈來愈多已為中央所控制，藩鎮憑藉地方經濟特權以挑釁中央的可能性大大降低，以至絕跡。

通過以上三個步驟，中央政府死死摳住了藩鎮的經濟命脈，自晚唐以來地方藩鎮控扼地方財權的現象漸趨消失。

（三）直接任免州縣親民官，集地方人事權於中央

眾所周知，官僚是君主統治天下，管理國家的幫手，地方官尤其是政治權力的實際執行者，在君權高於一切的時代，官僚是君主的臣僕和工具。在中國傳統社會，「無論是經濟權力或政治權力，離開了他的官僚機構和官僚系統，都將變成空無所有的抽象」〔註194〕。直接施治於地方的各級官吏，對皇帝意志的執行者，是加強中央集權的重要保證，所以說能否掌握地方官員的任免權力，與中央集權的強弱須臾相關。

晚唐五代，地方親民官的任免權多半掌握在各地藩鎮手中，他們以武力為後盾，在其所控制的地盤上，唯我獨尊，說一不二，所謂「遂擅署吏，以賦稅自私，不朝獻于廷」〔註195〕。自唐中葉以來，「藩鎮自辟召，謂之『版授』，時號『假版官』，言未授王命，假攝耳」〔註196〕。時至五代，藩鎮勢力更加猖獗，與中央政權的對立情形更加嚴重，反映在官員的任用上，則是「不權輕重，凡曹、掾、簿、尉，有齟齬無能，以至昏耄不任驅策者，始注為縣令。故天下之邑，率皆不治，甚者誅求刻剝，猥跡萬狀」〔註197〕。正如論者所言：「五代節度使集民政、戎事、刑獄於一身，將佐僚屬皆自行奏辟，生殺亦自己出，權任之重，與唐略等」〔註198〕。因此，晚唐五代的中央政府，基本上無法左右地方治事官員的任免，喪失了對地方人事控制的能力。

為改變地方親民官的任免操持於藩鎮之手的局面，五季宋初四世君主採取了一系列加強中央集權的有力措施。廣順元年（951）正月，周太祖下詔：「其先於在京諸司差軍將充諸州郡元從都押衙、孔目官、內知客等，並可停廢，仍勒却還舊處職役。」〔註199〕此舉旨在力圖克服軍將為佐吏，不親政

〔註194〕《中國官僚政治研究》，第62頁。
〔註195〕《新唐書》卷210《藩鎮魏博傳》，第5921頁。
〔註196〕（宋）趙彥衛：《雲麓漫鈔》卷4，中華書局點校本1996年版，第60～61頁。
〔註197〕（宋）魏泰：《東軒筆錄》卷3，中華書局點校本1983年版，第32頁。
〔註198〕朱玉龍：《五代十國方鎮年表》「前言」，中華書局1997年版，第1頁。
〔註199〕《舊五代史》卷110《周太祖紀一》，第1460頁。

事，無益於民的弊端，初步削弱了功臣國戚委任官吏的權力；與之相應，亦要求節度使任用親戚為官吏，應「慎擇委任，必當克效參裨」〔註200〕。同年二月，太祖郭威又強調官吏的任期規則，要求「行軍副使已下，幕職州縣官等，得替求官，自有月限，年月未滿，一聽外居。如非時詔徵，不在此限」〔註201〕。當年三月，太祖下令盡罷親事官，「諸州府先差散從親事官等，前朝創置，蓋出權宜，苟便一時，本非舊貫」，「其諸州所差散從親事官等，並宜放散」〔註202〕。上述規定，目的在於漸次堵塞州府藩帥廣植親信、私交黨羽、上下相瞞的路途，促進地方吏治的好轉。廣順三年（953）七月的敕令，強調地方親民官須有政績方能拔擢：「今後刺史、縣令，顯有政能，觀察使審詳事狀，聞奏朝廷，當議獎擢。百姓、僧道不得舉請，一切止絕。」〔註203〕各地官吏職責亦有明確的劃分，「其婚田爭訟、賦稅丁徭，合是令佐之職。其擒奸捕盜、庇護部民，合是軍鎮警察之職。今後各守職分，專切提撕，如所職疏遣，各行按責」〔註204〕。嚴令各級官吏各守其職，不得憑軍權指揮一切。

周世宗繼位後，又從藩帥手中奪回了各州判官的任免權。顯德二年（955）六月詔曰：「兩京及諸道州府，不得奏薦留守判官、兩使判官、少尹、防禦團練軍事判官，如是隨幕已曾任此職者聽奏。防禦團練刺史州，各置推官一員。」〔註205〕改由皇帝從被推薦的候選人中擇優選拔。顯德四年（957）九月，世宗還採納了竇儼調朝官出任外職的建議。〔註206〕顯德五年（958）正月，重新明確規定官吏任期制度：「諸道幕職州縣官，並以三周年為考限，閏月不在其內，州府不得差攝官替正官。」〔註207〕在經過這番整治後，節度使隨心所欲安排地方治事官員的權力大大縮小，中央政府逐漸掌握了地方親民官的任免權。

北宋初年，一以貫之。乾德元年（963），宋太祖開始任用文官擔任州郡長吏，名為「權知軍州事」，三年一任，期滿他調；又設通判於諸州，分割州

〔註200〕《舊五代史》卷110《周太祖紀一》，第1460頁。
〔註201〕《舊五代史》卷111《周太祖紀二》，第1469頁。
〔註202〕《舊五代史》卷111《周太祖紀二》，第1470頁。
〔註203〕《五代會要》卷19《刺史》，第313頁。
〔註204〕《舊五代史》卷113《周太祖紀四》，第1498頁。
〔註205〕《舊五代史》卷115《周世宗紀二》，第1531頁。
〔註206〕《資治通鑑》卷293，後周世宗顯德四年九月，第9572頁。
〔註207〕《舊五代史》卷118《周世宗紀五》，第1567頁。

官權限,所謂「凡軍民之政皆統治之,事得專達,與長吏均禮」〔註208〕。通判「既非副貳,又非屬官。故嘗與知州爭權,每云:『我是監郡,朝廷使我監汝。』」〔註209〕此職的設立,粉碎了官吏長期盤踞一地稱雄的夢想。同時,對於藩鎮「或因其卒,或因遷徙致仕,或因遙領他職,皆以文臣代之」〔註210〕。縣令一職,也採用京官、幕職等出知;並於乾德元年(963)恢復設置縣尉,將鎮將管轄的「盜賊」「鬥訟」等事權交還令尉,縣令得以成為一縣真正的長官,主簿與尉從旁協助。太平興國二年(977)八月,罷節鎮領支郡,州郡改由朝廷直轄;使邠、寧、涇、原等 39 州直屬京師,長吏得自奏事;地方的邊防、盜賊、刑訟、金谷、按廉之任皆委於轉運使。〔註211〕

　　唐王朝的崩潰與五代前朝政局不穩的重要原因之一,在於地方權力的無限制擴張,以及由此造成的中央權力不可阻撓的滑坡。因此,後周至宋初集權於中央的過程,其重點始終圍繞一個中心問題,即削除藩鎮的勢力。而將兵權、財權、官吏任免權收束於中央,是剷除武人割據勢力,扭轉地方分權趨勢,強化中央集權體制的必由之路。經過五季宋初四代君主的不懈努力,到宋太宗在位期間的 10 世紀末,終於完成了這個歷史任務,中央集權的政府亦因此能調動更多的資源,向大一統的目標邁進。

三、「六合同風,九州共貫」的大一統趨勢

　　「大一統」包含國家統一、中央集權和君主專制等多重意義。在中國傳統社會,三者之間有著密切的聯繫,君主專制是大一統思想賴以依附的政體形式,中央集權是大一統局面賴以形成的必要條件,而國家統一是專制主義和中央集權在領土上的反映。縱觀中國歷史,中華民族作為一個整體被置於統一政權之中的時間,要遠遠大於分裂動盪時期。自秦始皇締造了中國歷史上第一個大一統的王朝之後,幾乎所有在中國大地上建立的政權,都把大一統作為基本的政治取向,大一統的觀念也因此而深深地扎根於中華民族的集體意識中。因而,反對分裂割據,倡導和平統一,總是歷史發展的大勢。劉澤華先生曾說:「伴隨著治與亂的循環往復,王權由強盛到瓦解,再由瓦解到重

〔註208〕（明）陳邦瞻:《宋史紀事本末》卷 2《收兵權》,中華書局點校本 1977 年版,第 9 頁。

〔註209〕（宋）歐陽修:《歸田錄》卷 2,中華書局點校本 1981 年版,第 31 頁。

〔註210〕《宋史紀事本末》卷 2《收兵權》,第 9 頁。

〔註211〕《文獻通考》卷 61《職官十五·轉運使》,考五五七。

建，國家也隨之由統一到分裂，再由分裂到統一。」〔註212〕專制王權與大一統互為因果，兩者的強弱呈正比關係。五季宋初的改革使皇權回復到權力的巔峰，為大一統帝國的重建提供了強有力的保障。

　　如前所述，晚唐五代時期，各地節度使裂土自立，稱王稱帝者絡繹不絕，割據政權旋起旋滅、乍成乍敗，分崩離析的格局一直延續至後周和宋初。趙宋開國之初，除北方以太原為中心的北漢政權外，「自江以南二十一州為南唐，自劍以南及山南西道四十六州為蜀，自湖南北十州為楚，自浙東西十三州為吳越，自嶺南北四十七州為南漢」，而「荊、歸、峽三州為南平」〔註213〕。而對中原王朝構成最大威脅的莫過於北方的契丹，它控制著長城以北的廣大地區，更佔據著幽燕——這一長期被中原王朝視為捍禦北方鐵騎侵擾的屏障地帶，從而使王朝的腹心地區直接暴露在契丹的兵鋒之下。對於幽燕在地理上所具有的戰略地位，王夫之的認識是：「幽燕者，士馬之淵藪也。」「不懲其失，舉以授之亢衡強夷之武人，使拊河朔以瞰中原，則趙氏之宗祐危矣！」〔註214〕此言不虛。

　　導致分裂割據局面出現的原因眾多，陶懋炳先生認為，「其中最主要的因素則是封建專制主義的中央集權國家的衰落，不但無力控制地方，反而受制於地方軍閥，乃至為封建軍閥所廢棄（或者為內遷的少數族貴族所攻滅）；同時，各地割據勢力之間，暫時又沒有形成能夠吞併其他割據勢力的強大力量，於是呈現了鼎峙之局」〔註215〕。落實到安史之亂以來具體的歷史環境中，則是藩鎮武夫勢力的極度膨脹，促進了地方獨立傾向的表面化，雖然這種分裂不影響王朝名義上的統一，但地方對中央臣服的程度無疑已經是大打折扣了。而藩鎮割據發展到極致的後果，就是多個政權並存局面的出現，五代十國即屬於這種形式，它是唐後期方鎮割據的繼續和發展，其時政治秩序混亂到極點，社會經濟受到破壞，百姓生命財產更是朝不保夕。在政局動盪、戰火紛飛的分裂割據年代，各階層的利益均無法得到有效的保障。因此，反對分裂割據、實現國家統一的願望，成為各階層的一致性認識。

〔註212〕 劉澤華：《中國傳統政治哲學與社會整合》，中國社會科學出版社 2000 年版，第 150 頁。
〔註213〕 《新五代史》卷 60《職方考》，第 714 頁。
〔註214〕 （清）王夫之：《宋論》卷 1《太祖》，中華書局點校本 1964 年版，第 14 頁。
〔註215〕 《五代史略》「前言」，第 1～2 頁。

（一）統一因素的增長和統一戰略的制訂

自唐末至後周立國，中原地區屢經兵燹，黎民塗炭，「丁壯斃於鋒刃，老弱委於溝壑」〔註216〕。鋒鏑餘生的中原百姓呻吟於武夫悍卒的淫威之下幾近兩個世紀，迫切希望能過上幾天安穩日子；北方人民則長期為契丹鐵騎所蹂躪，不堪忍受，以至抗遼鬥爭不斷；南方百姓不滿暴政，奔向後周。故而，擺脫戰爭，實現政局穩定，是飽受戰亂苦難的百姓共同的願望。後周世宗顯德元年（954）四月，世宗率軍親征，迎擊北漢劉崇，「既入北漢境，其民爭以食物迎周師」〔註217〕；次年五月，後蜀轄境內的秦、鳳二州的人戶，「怨蜀之苛政，相次詣闕，乞舉兵收復舊地」〔註218〕；顯德三年（956），後周進攻南唐，及周師至，民眾「爭奉牛酒迎勞」〔註219〕。其後，宋初在致力於統一戰爭，南征北討之時，各地割據政權治下的百姓，同樣壺漿簞食以迎王師，因為各地士民百姓無不祈求中原王朝能夠一統天下，以期生活在安寧的社會環境中。

社會上層對和平的渴求，在五代也表現得分外強烈。經年出入於刀光劍影絞殺中的武夫悍卒，開始厭倦血雨腥風的爭鬥；長期深陷在無情政治傾軋中的權臣，亦因其地位之朝不保夕而惶惶不可終日。無論武帥還是文臣，其名利和地位都處於變幻不居的動盪狀態下，更為嚴重的是身家性命亦難幸免。因此，他們寄望政治的清明和政局的安定。特別是士大夫階層，在武人當政的晚唐五代，他們的社會地位極為低落，飽受迫害之苦，際遇悲慘。迨至後周，一直仰武人鼻息而唯唯諾諾的文人，為免刀鋸之禍，期待能擺脫武人專制的摧殘。他們渴望改變現狀，重建大一統的中央王朝，以期重新走向政治舞臺的前沿，實現政治抱負和理想。

此外，農業生產的恢復，水利事業的興修以及商業的發展也迫切要求和平局面的實現和藩鎮壁壘的打破，此乃眾所周知的事實，不待贅言。

故而，統一國家的重建確已成為全體社會成員的共同願望，經濟發展的內在要求。胡如雷先生在總結中國傳統社會的發展規律後，曾說：「從發展的觀點看，分裂割據有越來越削弱的趨勢，統一集權有越來越加強的趨勢，而這種彼

〔註216〕《資治通鑒》卷286，後晉高祖天福十二年正月，第9335頁。
〔註217〕《資治通鑒》卷291，後周太祖顯德元年四月，第9509頁。
〔註218〕《舊五代史》卷115《周世宗紀二》，第1529頁。
〔註219〕《資治通鑒》卷293，後周世宗顯德三年七月，第9558頁。

弱此強的最主要的變化，發生在五代、北宋之交，也是中國封建社會前期與後期之交。」〔註220〕史實表明，自後周開始中原王朝已被公認為統一戰爭的執行者。經五季至宋初的改革後，湧動在歷史深處的統一潛流更加強勁有力。

後周世宗在位期間，就已提出明確的大一統方略。史載：「世宗以英武自任，喜言天下事，常憤廣明之後，中土日蹙，值累朝多事，尚未克復，慨然有包舉天下之志。」〔註221〕世宗嘗言：「寡人當以十年開拓天下，十年養百姓，十年致太平。」〔註222〕高平之戰後，世宗加緊了對統一戰略的謀劃。顯德二年（955）三月，世宗命近臣二十餘人各作《平邊策》一篇，集思廣益，共同研究統一戰略。王樸之策最受賞識，世宗「及覽其策，忻然聽納，由是平南之意益堅」〔註223〕。

王樸提出了「先易後難」，亦即「先南後北」的方針，他認為，「凡攻取之道，必先其易者」，而「唐與吾接境幾二千里，其勢易擾」，主張以輕兵襲擊，「避實擊虛，避強擊弱」，「如此，江北諸州將悉為我有。既得江北，則用彼之民，行我之法，江南亦易取也。得江南則嶺南、巴蜀可傳檄而定。南方既定，則燕地必望風內附；若其不至，移兵攻之，席卷可平矣。惟河東必死之寇，不可以恩信誘，當以強兵制之」，然其「力竭氣沮」，「宜且以為後圖，俟天下既平，然後伺間，一舉可擒也」〔註224〕。按照王樸的設想，後周統一的步驟是：先取江南（南唐），再下嶺南（南漢）、巴蜀（後蜀），然後北上進攻燕雲，最後以強兵制伏北漢。世宗大致遵循了這一思路，但與王樸又有所不同。從其後的歷史發展來看，周世宗統一的步驟，是先攻後蜀，次及南唐，因契丹南下騷擾，堅持將矛頭指向北漢。

王樸之策對宋初統一戰略的制訂，也有明顯影響。但宋初君臣吸納的是「先易後難」的成分，而在選取先後的打擊對象時，已有所變更。宋太祖曾對太宗說：「中國自五代以來，兵連禍結，帑廩虛竭，必先取西川，次及荊、廣、江南，則國用富饒矣。今之勁敵，止在契丹，自開運以後，益輕中國。河東正扼兩蕃，若遽取河東，便與兩蕃接境，莫若且存繼元，為我屏翰，俟我完

〔註220〕胡如雷：《中國封建社會形態研究》，生活·讀書·新知三聯書店1979年版，第407頁。

〔註221〕《舊五代史》卷128《王樸傳》，第1681頁。

〔註222〕《五代史補》卷5《世宗問王樸運祚》，第2529頁。

〔註223〕《宋史》卷269《陶穀傳》，第9237頁。

〔註224〕以上引文俱見《資治通鑒》卷292，後周世宗顯德二年三月，第9526頁。

實，取之未晚。」〔註225〕統一戰略的構想極為具體，其步驟亦是一環緊扣一環，這也是宋初進行統一戰爭的具體部署。在此擘畫中，契丹被假想為最難以應付的對手。而為了收復失地，乾德三年（965）八月，太祖置封椿庫，並對近臣說：「石晉割幽燕諸郡以歸契丹，朕憫八州之民久陷夷虜，俟所蓄滿五百萬緡，遣使北虜，以贖山後諸郡；如不我從，即散府財募戰士以圖攻取。」〔註226〕而重構大一統的帝國，實則是宋太祖在位時的執著追求，開寶九年（976），因汾晉未平、幽薊未得，故其不欲稱「一統太平」〔註227〕。可見太祖對收復燕雲之地是難以釋懷的，只不過當時沒有足夠的力量，無法戰而勝之，故將其置於平定北漢以後，這時對契丹採取的是戰略防禦的態勢。

關於五季、宋初統一戰略的得失問題，自南宋以來，歷代學者均有評價。〔註228〕相較而論，鄧廣銘先生之持論較為公允，他認為，宋初太祖時期設計的統一策略是契合實際、切實可行的，正是在這種方略的指導下，至宋太宗時期基本上獲取了統一事業的勝利果實。〔註229〕統一戰線的進程表明，宋太祖的認識較之王樸、周世宗的攻略計劃，更勝一籌，是切合客觀實際和時勢發展的產物。後來北宋的統一，大致就是依照太祖的上述戰略構想實施的，並取得了良好的效果。

（二）統一進程的展開與大一統帝國的重建

五季宋初統一步伐的展開，經歷了三個大的階段，即發軔於後周世宗時期，推進於宋太祖時期，而完成於宋太宗時期，並最終於宋太宗太平興國年間初步實現了大一統的目標，重建了大一統的帝國，推動了歷史發展的行程，茲分述如下。

首先來看發軔階段。後周太祖郭威注重於內政的改革，實行以防禦為主的軍事策略，未對外用兵。周世宗深知民心向背，慨然有削平天下之志，積極致力於統一戰爭，先後西征巴蜀，南下淮甸，北伐漢遼，邁出了走向統一

〔註225〕《東軒筆錄》卷1，第1頁。
〔註226〕《澠水燕談錄》卷1《帝德》，中華書局點校本1981年版，第3頁。
〔註227〕《宋會要輯稿》帝系一之三，第16頁。
〔註228〕參見任崇岳：《從民族關係看趙匡胤統一全國的策略》，《中州學刊》1984年第1期。另見張其凡師：《趙普評傳》，北京出版社1991年版，第119～126頁。
〔註229〕鄧廣銘：《論趙匡胤》，原載《新建設》1957年第5期；收入《鄧廣銘治史叢稿》，北京大學出版社1997年版，第456～457頁。

的堅實步履。

顯德二年（955）三月，秦州民夷有獻策恢復舊疆者，世宗聽納，命令宣徽南院使、鎮安節度使向訓與鳳翔節度使王景為西征主將，領兵攻打後蜀。同年九月，大敗蜀軍於黃花谷一役，秦、成、階三州皆降。是年十一月，收復鳳州。〔註230〕後周獲得後蜀四州之地，奪取了戰略要地，限制了後蜀勢力的東進，後蜀之滅亡指日可待。

西征的同時，周世宗又將統一的目標圈定於江淮的南唐。顯德二年（955）十一月，任命宰臣李穀為淮南道前軍行營都部署，知廬、壽等州行府事；以許州節度使王彥超為行營副部署；侍衛馬軍都指揮使韓令坤等十二將，南指江淮。〔註231〕世宗則分別於顯德三年（956）初、顯德四年（957）二月和十一月，三次親征南唐。〔註232〕並於顯德四年（957）三月，攻克壽州，贏得了軍事上的主動，南唐勢力此後一蹶不振。顯德五年（958）三月，後周結束了對淮南的討伐，增加了領土和人戶，充實了國力，「淮南平，凡得州十四、縣六十、戶二十二萬六千五百七十四」〔註233〕。世宗三駕江淮，既顯示了平定南方的堅定信念，也震驚了南方各割據政權，迫使兵鋒所及之地，輸誠納款，拱手稱臣。

顯德五年（958）二月，後周江淮前線戰事正熾，北漢趁機進犯，雖被後周隰州守軍擊潰，但北漢向以契丹為強援，此次挑釁引起了世宗的重視，遂決意北伐。顯德六年（959）二月，以北鄙未復，世宗作出了率軍親征的計劃。同年四月，世宗兵發大梁，奔襲遼境，各地守將紛紛歸順，邊界城邑望風而下。在 42 天內，後周軍隊兵不血刃，連克益津關、瓦橋關和淤口關，關南悉平。是役，「凡得州三，縣十七，戶一萬八千三百六十」〔註234〕。

再來看推進階段。宋太祖建立趙宋政權，接收了周世宗苦心經營的天下，擁有 111 州〔註235〕和 96 萬人戶，實力遠勝於同時期的各割據政權。太祖根據擬定的戰略計劃，對北方的契丹和北漢持守禦之策，優待駐守北部和西北

〔註230〕《舊五代史》卷 115《周世宗紀二》，第 1532，第 1535 頁。
〔註231〕《舊五代史》卷 115《周世宗紀二》，第 1534 頁。
〔註232〕分見《舊五代史》卷 116《周世宗紀三》；卷 117《周世宗紀四》，第 1539、1556、1563 頁。
〔註233〕《舊五代史》卷 118《周世宗紀五》，第 1570 頁。
〔註234〕《舊五代史》卷 119《周世宗紀六》，第 1581 頁。
〔註235〕聶崇岐：《宋代府州軍監之分析》，氏著《宋史叢考》（上），中華書局 1980 年版，第 119～121 頁。

邊境的將領，確保無南征之虞。而將兵鋒直指南方各國，並能根據時勢的變化及時調整戰略部署，成效顯著，極大地推動了統一的歷史進程。

建隆三年（962）十月，湖南陷入內訌，乞援於宋廷；十一月，荊南新主即位，政權不穩。乾德元年（963）正月，宋軍假道荊南，出師湖南。至三月，完全平定荊湖，荊南三州入宋，而「湖南平，得州十四，監一，縣六十六」〔註236〕。乾德二年（964）十一月，宋太祖派遣軍隊進攻後蜀；次年正月，蜀主投降，後蜀滅亡，「得州四十五、縣一百九十八、戶五十三萬四千三十有九」〔註237〕。

開寶三年（970）九月，麾師從湖南進攻南漢；次年二月，潘美克廣州，俘南漢主，消滅了南漢政權，「得州六十、縣二百十四、戶十七萬二百六十三」〔註238〕。

開寶七年（971）四月，宋將曹彬、潘美率軍下江南；次年，宋軍取得了一系列軍事勝利，並最終於當年十二月攻破江南國都金陵，南唐國主成為階下之囚，南唐政權覆沒，「得州十九，軍三，縣一百八十，戶六十五萬五千六十」〔註239〕。

南向用兵的同時，太祖曾於開寶元年（968）八月和二年（969）二月，兩次出兵北漢，均無功而返。於是改變對策，徙北漢境內居民於宋地，以削弱北漢。開寶九年（976）八月，太祖第三次進攻北漢；十月，趙匡胤突然去世，宋罷兵。太祖之世雖未能削平北漢，但因屢經戰火，後者實力已大不如前，為宋所亡，已屬難免。

太祖時期相繼奄有南方各地，版圖大為擴展，國力明顯增強。至其在位晚年，唐末以來南方割據政權林立的狀況，已有重大變化，割據之地惟餘漳泉和吳越，但取之已如探囊之物。即便是北方的北漢也已為強弩之末，大一統的帝國已呼之欲出。

最後來看完成階段。五季宋初的統一事業，在太宗時期終告完成。

趙宋開國，盤踞於漳泉之地的陳洪進表示臣服，接受宋廷所賜官爵。太平興國二年（977）四月，陳洪進奉詔北上開封，自此羈留。第三年（978）四

〔註236〕《宋史》卷1《太祖紀一》，第13頁。
〔註237〕《宋史》卷2《太祖紀二》，第21頁。
〔註238〕《宋史》卷2《太祖紀二》，第32頁。
〔註239〕《宋史》卷3《太祖紀三》，第45頁。

月，陳洪進上表納土，太宗允之。宋廷得漳泉二州，「縣十四，戶十五萬一千九百七十八，兵萬八千七百二十七」〔註240〕。

吳越王錢俶自北宋立國，一直稱臣於宋，並不時進貢。在宋軍進攻南唐時，亦曾出兵夾攻。太平興國三年（978）三月，錢俶進京覲見，太宗寵遇極隆，唯不放回杭州。同年五月，錢俶不得已上表獻國，宋廷藉此「得州十三、軍一、縣八十六、戶五十五萬六百八十、兵一十一萬五千三十六」〔註241〕。

太宗以和平方式剪除了漳泉和吳越，完全佔有了廣袤的南方。其後，專心於北方的戰事。太宗即位伊始，便視北漢為必取之地。太平興國四年（979）正月，太宗決意北伐，調集大軍直撲北漢，圍攻太原；二月，御駕親征；三月，宋軍大敗馳援北漢的契丹軍隊，太原城孤，宋軍攻勢更盛；五月，北漢主劉繼元奉表請降，「北漢平，凡得州十、縣四十、戶三萬五千二百二十」〔註242〕。

太平興國四年（979）初，宋遼交惡。當年五月，宋舉兵入遼，自此宋遼間展開了長達二十餘年的軍事鬥爭，但太宗時期的三次伐遼行動，無不一一以失敗告終。雍熙北征的失利，更使宋太宗完全放棄了收復幽燕的計劃。終宋之世，幽燕之地一直不入宋境。

需要說明的是，契丹牧馬北鄙的事實，不應視為統一事業未竟的障礙。從當時特定的歷史條件分析，宋初幾無可能重建漢唐統一帝國的模式。業師葛金芳先生認為，在晚唐五代以來戰火的沖刷中，「以漢族為主體的農業文明圈逐步向內退縮，周邊亦農亦牧地帶開始出現勢力真空」，尤其重要的是，「日趨嚴酷的生存環境，迫使北方游牧部族向南遷徙，在爭奪生存空間的巨大壓力之下，農業經濟與游牧業經濟發生著激烈的碰撞，其因與歷史時期第三寒冷期的到來大有關係。〔註243〕故而宋初契丹死守幽燕，牧馬宋境，實屬形勢所必然。其後，女真、蒙古相繼飲馬黃河，入主中原，也是上述因素在起作用。如果僅以農業區域言之，則至宋太宗太平興國四年（979）止，黃河流域和長江流域被重新連成一體，晚唐以來長達兩個多世紀的分崩離析局面基本結束。

〔註240〕 《宋史》卷4《太宗紀一》，第58頁。
〔註241〕 《宋史》卷4《太宗紀一》，第58頁。
〔註242〕 《宋史》卷4《太宗紀一》，第62頁。
〔註243〕 葛金芳師：《宋遼夏金經濟研析》，武漢出版社1991年版，第5～6頁。

四、餘論

　　五季宋初的四位君主，通過長達半個世紀的政治變革努力，重樹君主專制的絕對權威，疏通了權力向帝王集中的管道，有裨於整合王朝的人力資源，形成君臣用命、上下一心的新氣象，從而勾畫出契合實際、服務國計民生的種種藍圖和設想；而高度強化的中央集權，遏制了地方的獨立傾向，能增進地方的向心力和凝聚力，更便於集結各種社會資源，以滿足王朝總體目標的需要；大一統局面的重現，清除了經濟溝通中的深溝壁壘，促進了東西南北間物質交流的活躍和商品經濟的繁榮。因此，五季宋初的政治變革，不僅結束了中唐以降長達近兩個世紀的政治失序狀態，而且為有宋一代經濟文化的高度發展提供了政治保障。意義尤為深遠的是，明朗於五季宋初的政治演進趨勢，一舉奠定了元、明、清時期政治發展的基本路向。

　　延亙於 10 世紀下半葉、波瀾壯闊的政治變革大潮，之所以能對其後的政治生活產生巨大影響，化育為政治演進的強勁趨勢，乃是因為其間自始至終貫穿著一條極為鮮明的主線，而將四朝君主的政治變革編織成一個有著內在統一邏輯的有機整體。四代君王通過懲貪立法、重文抑武、分割相權等舉措，實現了武人政治向文人政治的轉化，君主貴族政體向君主官僚政體的遞嬗，極大地尊崇了王權，重構了君統。收地方兵權、財權、官吏任免權於中央政府，抽掉了地方反叛中央的權力基石，有效地制止了地方離心勢力的滋長，中央政府的實力優勢日益明顯。在專制主義和中央集權不斷強化的條件下，經過五季宋初四朝君主的南征北伐、東征西討，完成了傳統農業經濟區域的統一，基本實現了大一統的局面，大一統的觀念更加深入人心。五季宋初政治演進的三大趨勢，隱含於政治變革具體實踐的全過程中，其內在的邏輯聯繫不容割斷，否則必然是見木不見林。

　　五季宋初政治演進趨勢定型化以後，歷近千年而未曾脫軌，影響深遠。當然，我們也應看到，專制主義牢籠化的極端走向，在此後的歷史行程中，又阻滯了中國傳統社會的近代轉型，這是另外一個問題，不在此文論述之列。歷史是過去的現實，正視歷史總是直面現實的前提，只有從歷史的深處吸取豐富的智慧，方能真正將中國社會推上良性發展的快車道。這是一個歷久彌新的話題，值得人們深思和探索。

五代宋初侍衛親軍制度三題

　　侍衛親軍成為禁軍，並一躍而為禁軍中的主力，是禁軍制度發展至五代時期的一大變化。在殿前軍進入禁軍行列之前，侍衛親軍與六軍並峙而立，而侍衛親軍素以驍勇、強悍、善戰著稱，不僅隨侍宿衛、拱護宮闕，而且在野戰中衝鋒陷陣、浴血廝殺，地位逐漸超越六軍，是五代各朝至為倚重的核心武裝力量之一。侍衛親軍在五代政權的遞嬗中亦扮演重要角色，以至有五代「各朝興亡，多視禁軍嚮向背」〔註1〕的說法。揆諸史實，五代帝王憑藉侍衛親軍之擁戴而上臺者，相繼有後唐明宗李嗣源、末帝李從珂，以及後周太祖郭威。〔註2〕隨著侍衛親軍的不斷壯大和發展，侍衛親軍制度漸趨成型和完善，宋初侍衛親軍制度即沿襲五代而來。誠如史家所言：「（五代）軍制，後世無足稱焉。惟侍衛親軍之號，今猶因之而甚重，此五代之遺制也。然原其始起微矣，及其至也，可謂盛哉！」〔註3〕關於其時侍衛親軍的軍隊名號、下轄部伍等若干情形，《五代禁軍初探》已述之甚詳，無須臚列。本篇擬以侍衛親軍的馬步軍建制、指揮系統中高級軍職的層級、侍衛司的設置等三方面內容為重點，圍繞侍衛親軍制度的釐革與完善，稍做勾勒與疏理，容或有裨於唐宋之際兵制轉軌的解讀與判斷。

〔註1〕 聶崇岐：《論宋太祖收兵權》，《燕京學報》第34期（1948年）；收入氏著《宋史叢考》（上），中華書局1980年版，第268頁。

〔註2〕 張其凡師：《五代政權遞嬗之考察——兼評周世宗的整軍》，《華南師範大學學報》1985年第1期。

〔註3〕 （宋）歐陽修：《新五代史》卷27《康義誠傳》，中華書局點校本1974年版，第297頁。

一、侍衛親軍的馬步軍建制沿革

侍衛親軍淵源於藩鎮親軍，節帥一旦入主中朝，則其潛躍時的此類元從部隊，相應亦被擢升為禁軍。後梁太祖朱溫篡唐而立後，將其原所統轄的四鎮軍隊中的長直、夾馬等軍，編入六軍；藩鎮舊部中的其餘大部分直轄軍隊，則隸名於龍驤、天興、廣勝、神捷四軍，是為五代侍衛親軍創設的開端。史載：開平元年（907）四月，以左右親隨軍將馬軍為左右龍驤軍；九月，置左右天興、左右廣勝軍，仍以親王為軍使；開平二年（908）十月，置神捷軍，亦分左右。〔註4〕四軍之中，龍驤為馬軍。梁、晉柏鄉之戰時，「梁龍驤軍以赤、白馬為兩陣，旗幟鎧仗皆如馬色，晉兵望之皆懼」〔註5〕，即為其證。天興、廣勝、神捷等軍，史籍中並未明言其兵種，或許皆為步軍。鑒於北方士卒長於馬戰和步戰、不習水戰的特點，似可推斷，侍衛親軍設立伊始，即已確立由馬、步軍共同組成的建制原則。

伴隨侍衛親軍的創立，「侍衛親軍」的名稱在後梁時期漸有使用。關於侍衛親軍名稱的起源時間，歐陽修稱：「親軍之號，始於明宗。」〔註6〕宋人葉夢得也說：「都指揮使本方鎮軍校之名，自梁起宣武軍，乃以其鎮兵，因仍舊號，置在京馬步軍都指揮使而自將之。蓋於唐六軍諸衛之外，別為私兵。至後唐明宗，遂改為侍衛親軍，以康義誠為馬步軍都指揮使。秦王從榮以河南尹為大元帥，典六軍，此侍衛司所從始也。」〔註7〕根據以上記載，「侍衛親軍」得名於後唐明宗時期。然而，翻檢史籍，此說卻明顯有失妥當。乾化二年（913）六月，在朱友貞謀劃取代篡父自立的朱友珪事件中，禁軍將領趙巖在返回洛陽後，「以謀告侍衛親軍袁象先」〔註8〕。實際上，後梁太祖登基不久，即已設置「侍衛親軍都指揮使」一職，所謂「太祖受禪……授（劉）捍侍衛親軍都指揮使」〔註9〕。凡此皆可證實，「侍衛親軍」之稱已然出現。侍衛親軍通常包括侍衛馬軍和侍衛步軍，往往合稱侍衛馬步軍。後梁時期既

〔註4〕（宋）王溥：《五代會要》卷12《京城諸軍》，上海古籍出版社1978年版，第205頁。
〔註5〕《新五代史》卷6《唐明宗紀》，第53頁。
〔註6〕《新五代史》卷27《康義誠傳》，第298頁。
〔註7〕（宋）葉夢得：《石林燕語》卷6，中華書局點校本1984年版，第80~81頁。
〔註8〕（宋）薛居正等：《舊五代史》卷8《梁末帝紀上》，中華書局點校本1976年版，第114頁。
〔註9〕《舊五代史》卷20《劉捍傳》，第272頁。

已出現「侍衛親軍」名稱，是否標誌著業已形成侍衛馬軍、侍衛步軍的單獨建制呢？有史料稱：「侍衛馬軍司蓋創於後梁，至後唐為侍衛親軍，後周改為龍捷左右軍。」〔註10〕胡三省亦言：「自梁以來，有侍衛親軍、侍衛馬軍、侍衛步軍。」〔註11〕又說：「侍衛親軍都指揮使之下，又有侍衛馬軍、步軍二都指揮，此皆梁、唐所置。」〔註12〕據此來看，後梁時期，侍衛馬、步軍的建制已趨完備。然而，現存史籍中，迄今仍未發現關於後梁時以「侍衛（親軍）馬軍」「侍衛（親軍）步軍」名目單獨出現的任何一則記載，故無從稽考上述說法依據何在。既然史籍缺載，以上有關追述，當然值得懷疑。其實，後梁時期的侍衛親軍制度尚處於發軔、草創階段，而制度的完善絕非一朝一夕之事，大體都需經歷較長的演變過程，侍衛親軍制度的演遷亦概莫能外。具體而言，其時的侍衛親軍，雖常以「在京馬步軍」「侍衛馬步軍」或「侍衛親軍馬步軍」的名稱出現，並且也有馬軍和步軍兩個兵種，但侍衛馬軍和侍衛步軍應當並未形成單獨建制，而是將侍衛親軍中的馬軍、步軍各部籠統歸屬於侍衛親軍（馬步軍）都指揮使麾下，也正因如此，故侍衛馬、步軍都指揮使皆不見設置。如若不然，史料中必然有所反映。因此，後梁時期的侍衛親軍制度，與後唐明宗時期所形成的較為成熟的侍衛親軍制度，仍有不小差距，而這也正好符合制度從創設到逐步完善的自然規律。儘管後梁時期並未將侍衛親軍明確區分為侍衛馬軍和侍衛步軍的編制形式，但侍衛親軍下設馬軍、步軍部隊的做法，卻為後唐至宋代各朝所承襲，沿而弗改。

後唐莊宗朝，侍衛親軍的制度化進程仍較緩慢。明宗李嗣源對侍衛親軍的整頓，則卓有成效，侍衛親軍分設侍衛馬、步軍的制度化設置至此初步完成，侍衛馬軍、侍衛步軍的名稱開始單獨行用。天成三年（928）正月，「明宗幸汴，平朱守殷，（康義誠）改侍衛馬軍都指揮使，領江西節度使」〔註13〕。而另有史籍載：以隨駕馬軍都指揮使、富州刺史康義誠兼領鎮南軍節度使，以隨駕步軍都指揮使、潮州刺史楊漢章遙領寧國軍節度使。〔註14〕此時，因

〔註10〕 （宋）馬光祖修，周應合纂：《景定建康志》卷26《官守志三·侍衛馬軍司》，宋元方志叢刊本，第2冊，中華書局影印本1990年版，第1762頁。
〔註11〕 （宋）司馬光：《資治通鑒》卷276，後唐明宗天成二年十月戊子胡三省注，中華書局點校本1956年版，第9009頁。
〔註12〕 《資治通鑒》卷289，後漢隱帝乾祐三年十一月胡三省注，第9428頁。
〔註13〕 《舊五代史》卷66《康義誠傳》，第879頁。
〔註14〕 《舊五代史》卷39《唐明宗紀五》，第534頁。

明宗將去鄴都,故有「隨駕」之說。比照兩處記載,可知「隨駕馬軍都指揮使」又稱「侍衛馬軍都指揮使」,兩者實為同職異稱。質而言之,「隨駕馬軍都指揮使」實際相當於「侍衛馬軍都指揮使」;依此類推,「隨駕步軍都指揮使」也應等同於「侍衛步軍都指揮使」。史籍又載:長興元年(930)六月,「以護駕馬軍都指揮使、貴州刺史安從進為宣州節度使,充護駕馬軍都指揮使;以護駕步軍都指揮使、澄州刺史藥彥稠為壽州節度使兼護駕步軍都指揮使」〔註 15〕。同一件事,《資治通鑒》卷二百七十七則記作:「侍衛都指揮使安從進、藥彥稠。」〔註 16〕此處「侍衛都指揮使」,顯係前則引文中「侍衛馬、步軍都指揮使」的省稱。類似的記載還有很多,無需一一列舉。由此表明,至長興元年(930)時,侍衛馬軍、侍衛步軍之稱與護駕馬軍、護駕步軍仍然可以交替使用,兩者並無區別。因此,侍衛馬、步軍與護駕馬、步軍,以及隨駕馬、步軍,儘管名稱不一,所指卻並無不同。由於侍衛馬軍都指揮使、侍衛步軍都指揮使分別為侍衛馬軍、侍衛步軍系統的最高軍職,而這兩個軍職的設立,應該就是侍衛馬軍、侍衛步軍完成單獨建制使然。職此之故,將侍衛馬軍與侍衛步軍名稱的出現,確定為天成三年(928),偏差或不致太大。侍衛馬軍、侍衛步軍最初並立於侍衛親軍之下的格局,大概與此同時。

侍衛馬軍與侍衛步軍之所以能在明宗時期並立,原因在於馬軍的迅速壯大。在此基礎上,馬軍逐漸取得與步軍分庭抗禮的地位。長興四年(933)二月,明宗向樞密使范延光詢問內外見管馬數,對曰:「三萬五千四。」明宗歎曰:「太祖(李克用)在太原,騎軍不過七千,先皇(李存勖)自始至終馬纔及萬。今有鐵馬如是,而不能使九州混一,是吾養士練將之不至也。」〔註 17〕由此不難看出,莊宗時馬軍與步軍相隔懸殊,其時侍衛親軍人數在十萬以上,馬軍才及萬,步軍則有十萬左右,兩者差距如此之大,自然難以並立。再以後唐莊宗時期的情況作為參照,予以推測,則後梁時期的馬軍,為數必定不是太多,這從其時侍衛親軍四軍之中,僅龍驤一軍為馬軍,可以得到初步的證實。至明宗時期,隨著馬匹數量的急劇增多,將馬軍單獨立為一軍的條件日臻成熟,在此情形下,侍衛馬軍與侍衛步軍的並置才是水到渠成的事。

〔註 15〕《舊五代史》卷 41《唐明宗紀七》,第 566 頁。
〔註 16〕《資治通鑒》卷 277,後唐明宗長興元年八月乙未,第 9043 頁。
〔註 17〕《舊五代史》卷 44《唐明宗紀十》,第 601~602 頁。

後唐明宗時，侍衛親軍中的馬、步軍與捧聖、嚴衛兩軍，存在對應關係。具體說來，捧聖左右廂與嚴衛左右廂都是由整編禁軍而來，分別用作侍衛馬軍、侍衛步軍的軍號。即如史載：「（李）從榮乃請以嚴衛、捧聖步騎兩指揮為秦府衙兵。」〔註18〕直接表明嚴衛為步軍、捧聖為馬軍，故而才連稱為步騎。侍衛馬軍、步軍分別以捧聖軍、嚴衛軍為其主體，捧聖軍與嚴衛軍順理成章地構成侍衛馬軍與侍衛步軍的核心，所以，侍衛馬軍都指揮使常由捧聖都指揮使升任，侍衛步軍都指揮使常由嚴衛都指揮使升任。

侍衛馬軍和侍衛步軍的主力，以固定的軍號而名之的制度化安排，自明宗以後遂為慣例。侍衛馬、步軍所對應的軍號，後唐末帝時，改為彰聖軍、寧衛軍；〔註19〕後晉時，稱為護聖軍、〔註20〕奉國軍；〔註21〕後周時，名曰龍捷軍、虎捷軍。〔註22〕宋太祖在位時，侍衛馬步軍仍沿用後周時的軍號，至宋太宗太平興國二年（977），改龍捷曰龍衛，虎捷曰神衛。〔註23〕

二、侍衛親軍指揮系統中高級軍職的層級

侍衛親軍創立之初，軍事指揮系統亦相應構建。侍衛親軍設立都指揮使、副都指揮使、都虞候各一人，是為侍衛親軍中最高層次的三個軍職。在此之下，侍衛馬、步軍分別以都指揮使為其首長；再往下，所轄諸軍、廂、軍等各級編制，其統帥仍皆稱為都指揮使。〔註24〕在最低層次的都指揮使之下，依次又有指揮使、都頭、軍使、十將、副將、隊長、長行等若干軍職，即為指揮（營）、都、隊、伍等各級軍事編制的統兵長官。此處僅就侍衛親軍最高級別三個軍職的層級關係及其設置始末，稍加疏理，餘不具論。

侍衛親軍都指揮使，又稱侍衛親軍馬步軍都指揮使，此即侍衛親軍的最高統帥，其副貳稱為侍衛親軍副都指揮使，其下又有侍衛親軍都虞候一職。關於這三個軍職的層級關係，史籍中有明確揭示。侍衛親軍都指揮使與都虞

〔註18〕《舊五代史》卷51《秦王從榮傳》，第694頁。
〔註19〕《五代會要》卷12《京城諸軍》，第205頁。
〔註20〕《五代會要》卷12《京城諸軍》，第205頁。
〔註21〕《舊五代史》卷78《晉高祖紀四》，第1028頁。
〔註22〕《舊五代史》卷111《周太祖紀二》，第1471～1472頁。
〔註23〕（元）脫脫等：《宋史》卷187《兵志一·禁軍上》，中華書局點校本1985年版，第4571頁。
〔註24〕杜文玉：《晚唐五代都指揮使考》，《學術界》1995年第1期。

候間的職級關係，可通過劉知遠的任職履歷得以顯示。史載：天福元年（936），「晉國建，授侍衛馬軍都指揮使、權點簡隨駕六軍諸衛使，尋改陝州節度使，充侍衛馬步軍都虞候。二年八月，改許州節度使。三年十月，授侍衛馬步軍都指揮使」〔註25〕。在不足兩年的時間內，劉知遠自侍衛馬軍都指揮使，升至侍衛馬步軍都虞候，再遷至侍衛馬步軍都指揮使，成為侍衛親軍的最高軍事長官。這種升遷看似只經歷了兩個職級，其實則是連升三級，因為在侍衛馬步軍都虞候之上，還有侍衛親軍副都指揮使的職級。關於侍衛馬步軍都虞候與副都指揮使的遷轉關係，史料中也有反映。顯德六年（959）六月，「以宋州節度使、侍衛都虞候韓通為侍衛親軍副都指揮使，加檢校太尉、同平章事」〔註26〕。由侍衛都虞候而至侍衛親軍副都指揮使，兩者職級的高低差別，一目了然。

如前所述，後梁太祖登基不久，即任命劉捍為侍衛親軍都指揮使。〔註27〕終後梁一朝，任此職者還有劉鄩、康懷英、胡規、袁象先、韓勍、姚勍等。而上述諸人的軍職稱呼並不統一，如劉鄩為「諸軍馬步都指揮使」「侍衛親軍馬步軍都指揮使」〔註28〕，康懷英為「侍衛諸軍都指揮使」〔註29〕，胡規為「右龍虎統軍兼侍衛指揮使」〔註30〕，袁象先為「左龍武統軍兼侍衛親軍都指揮使」〔註31〕，韓勍為左龍虎統軍〔註32〕兼「侍衛諸軍使」〔註33〕，姚勍為「左龍虎統軍，充西都內外馬步軍都指揮使」〔註34〕。這些軍職名稱雖非整齊劃一，但皆為侍衛親軍的最高軍事統帥。尚須注意的是，其時禁軍包括六軍和初創的侍衛親軍兩個系統，由於六軍制度相對成熟，仍然極具戰鬥力，故常常以六軍中的某一軍之「統軍」，兼任侍衛親軍的最高軍職，以上胡規、袁象先、韓勍、姚勍等所任軍職，即是如此。軍職中存在的上述情況，其實也就是

〔註25〕 （宋）王欽若等：《冊府元龜》卷8《帝王部·創業四》，中華書局影印本1960年版，第91頁。

〔註26〕 《舊五代史》卷119《周世宗紀六》，第1583頁。

〔註27〕 《舊五代史》卷20《劉捍傳》，第272頁。

〔註28〕 《舊五代史》卷23《劉鄩傳》，第309頁。

〔註29〕 《舊五代史》卷23《康懷英傳》，第317頁。

〔註30〕 《舊五代史》卷19《胡規傳》，第264頁。

〔註31〕 《舊五代史》卷59《袁象先傳》，第797頁。

〔註32〕 《資治通鑒》卷268，後梁太祖乾化二年六月戊寅，第8759頁。

〔註33〕 《資治通鑒》卷268，後梁太祖乾化二年七月，第8760頁。

〔註34〕 《舊五代史》卷9《梁末帝紀中》，第136頁。

侍衛親軍的制度化尚未完成的真實反映。與之相聯繫的是，其時侍衛親軍副都指揮使及都虞候的軍職，亦未見有何人充任，據此可推斷這兩個軍職還沒有進入侍衛親軍最高軍職的行列。

後唐明宗朝，擔任侍衛親軍都指揮使者惟石敬瑭、康義誠二人，自此時開始，侍衛親軍最高軍職的稱呼大致固定下來，即稱為「侍衛親軍都指揮使」「侍衛親軍馬步軍都指揮使」「侍衛馬步軍都指揮使」或「侍衛都指揮使」，其後相沿不改。閔帝、末帝時，此職亦不見授人。至於侍衛親軍副都指揮使、都虞候的職務，終後唐之世仍然不見授予。後晉時期，侍衛親軍三個高級軍職均已出現。任侍衛親軍都指揮者，相繼有楊光遠、劉知遠、杜重威、景延廣、高行周、李守貞、李彥韜等人，其中李彥韜為「權知侍衛司事」〔註35〕。任侍衛親軍馬步軍副都指揮使者，先後有杜重威、李守貞二人。任侍衛親軍馬步軍都虞候者，迭有劉知遠、杜重威、景延廣、李守貞、李彥韜、李洪建等人，其中李彥韜為「權侍衛馬步都虞候」〔註36〕。又劉知遠、景延廣二人，均自都虞候直接升遷至都指揮使；杜重威、李守貞二人，則從都虞候升至副都指揮使，再遷至都指揮使。後漢時期，任侍衛親軍都指揮使者，僅有史弘肇、李洪建、王殷三人，其中李洪建為「判侍衛司事」〔註37〕；副都指揮使只有劉信一人。侍衛親軍都虞候一職僅有李洪建提任，嘗為「權侍衛馬步軍都虞候」〔註38〕。後周時期，王殷、李重進曾任侍衛親軍都指揮使，韓通曾任副都指揮使，李重進、韓通、韓令坤曾任都虞候。其間的遷轉關係，不難窺知。

及至宋初，宋太祖趙匡胤代周之後，侍衛親軍都指揮使為韓令坤，副都指揮使和都虞候則分別授予石守信和張令鐸。出於控馭禁軍以穩定政權的目的，不久，即罷去韓令坤侍衛親軍都指揮使之職，而以副都指揮使石守信接任，侍衛親軍副都指揮使一職從此不再設置。建隆二年（961）七月，又取消侍衛親軍都虞候之職。次年九月，石守信上表請求解除軍職，侍衛親軍都指揮使之職亦不再任命。自此之後，侍衛親軍最高級別的三個軍職長期空缺。雖然太宗時，田重進因軍功而被「特命」為侍衛親軍都虞候，「自張令鐸罷馬

〔註35〕《舊五代史》卷85《晉少帝紀五》，第1121～1122頁。
〔註36〕《舊五代史》卷83《晉少帝紀三》，第1100頁。
〔註37〕《舊五代史》卷103《漢隱帝紀下》，第1370頁。
〔註38〕《舊五代史》卷107《李洪建傳》，第1411頁。

步軍都虞候，凡二十五年不以除授」〔註39〕。淳化二年（991）四月，傅潛亦曾擔任此職。〔註40〕真宗時，王超自殿前都虞候升遷至侍衛馬步軍都虞候。〔註41〕其後，此職不再授人。關於其間的變化，史籍中有以下總結：侍衛親軍都虞候位在殿前都指揮使上的情況，被改變為「馬步二軍始居殿前司之下焉」〔註42〕。因為殿前都指揮使為從二品，而侍衛馬、步軍都指揮使僅為正五品，侍衛親軍的地位顯然已被貶低。更為重要的是，上述措施的推行，使得侍衛親軍這一層次實際上已無軍事統帥，下屬的侍衛馬軍與侍衛步軍則各自為政，分別聽命於侍衛馬、步軍都指揮使，致使周世宗時期確立的殿前、侍衛「兩司」，轉化為殿前司、侍衛馬軍司和侍衛步軍司「三衙」，所謂「殿前司與侍衛司馬軍、步軍為三衙，其實兩司」〔註43〕。此即宋人所言：「自侍衛司不置馬步軍都指揮使，止置馬軍指揮使以來，侍衛一司自分為二，故與殿前司列為三衙也。五代軍制非無典法，而今又非其舊制者多矣」〔註44〕。而「三衙有殿帥、馬帥、步帥」〔註45〕，其中的「馬帥」與「步帥」即為侍衛馬、步軍都指揮使，統領侍衛馬、步軍。這類禁軍統帥的任用，以才庸無謀、忠實易制為原則，並且長期闕而不授，或假以他官與級別較低的武將權領，體現出宋代兵制中「防」的特色。

上述事實表明，侍衛親軍中最高層次三個軍職的設置，並非一蹴而就，甚至還歷經反覆。但從總體上而言，隨著侍衛親軍制度化的日益推進，至後晉時期，侍衛親軍都指揮使、副都指揮使、都虞候的三級軍職層次已然構建完畢。這種制度性安排延亙至宋初，漸被廢棄，最高統治者為實現控制禁軍和加強中央集權的目的，相繼取消上述三個軍職的授受，「兩司」完成向「三衙」的轉變，侍衛馬軍都指揮使、侍衛步軍都指揮使與殿前都指揮使，成為事實上的禁軍統帥，合稱「三帥」。

〔註39〕（宋）李燾：《續資治通鑒長編》卷 27，雍熙三年七月，中華書局點校本 2004年版，第 620 頁。

〔註40〕《宋史》卷 279《傅潛傳》，第 9473 頁。

〔註41〕《宋史》卷 278《王超傳》，第 9465 頁。

〔註42〕（宋）章如愚：《群書考索‧後集》卷 47《三衙》，文淵閣四庫全書本，第 937冊，臺灣商務印書館 1986 年版，第 668 頁。

〔註43〕《石林燕語》卷 6，第 80 頁。

〔註44〕（宋）江少虞：《事實類苑》卷 25《官職儀制‧三衙官》，文淵閣四庫全書本，第 874 冊，臺灣商務印書館 1986 年版，第 213 頁。

〔註45〕（宋）趙彥衛：《雲麓漫抄》卷 10，中華書局點校本 1996 年版，第 165 頁。

三、侍衛司的設置及演變

　　侍衛司，也稱為侍衛親軍司，其職責為「總步、騎二軍之政令」〔註46〕。關於侍衛司的源起，宋人黃履翁曾說：「侍衛司始於梁，其名易世而後定。」〔註47〕照此來看，侍衛司在後梁時期即已出現，但其名稱卻出現於易代之後。宋人葉夢得也說：「至後唐明宗，遂改為侍衛親軍，以康義誠為馬步軍都指揮使。秦王從榮以河南尹為大元帥，典六軍，此侍衛司所從始也。」〔註48〕又將侍衛司的出現定於長興三年（932）年底。細加追究，如若上述兩種說法中的「侍衛司」均指「侍衛親軍」，自無不妥。但如將其作為一級軍政機構而言，上述兩種說法均有失妥當。根據目前所掌握的史料，侍衛司實際出現於後晉初年。後晉天福二年（937），高祖敕：「諸軍小節級、長行已下，沒於王事者，具給本家三年糧賜。有男長成者，委侍司衛典諸軍內酌量安排。」〔註49〕此處「侍司衛」當為「侍衛司」。這是迄今為止所能見到的關於侍衛司的最早記載。在天福五年（940）七月的一份敕令中，又將侍衛司與御史臺、宣徽院、三司等中央機構並列。〔註50〕據此可知，侍衛司已成為中央政府的常設機構。

　　侍衛司是統率與管理侍衛親軍的機構，負責處理有關侍衛親軍軍政的一切事宜。除此之外，侍衛司還必須接受皇帝臨時委派的與軍事有關的各項任務。如「天福六年（941）十一月，襄州投來將士三百餘人到闕，宣付侍衛司安排，其首領賜衣帛有差」〔註51〕。這是皇帝臨時將處置降軍的任務交由侍衛司處理的例子，這也是侍衛司成為一級機構的又一例證。倘若將此處「侍衛司」理解為「侍衛親軍」，顯然無法解讀。侍衛司通常由侍衛親軍都指揮使掌管，但有時也有例外，如後晉開運三年（946）十月，「以侍衛馬軍都指揮使李彥韜權知侍衛司事」〔註52〕，便是證明。侍衛司亦有官署，如後晉末年，張彥澤奉末帝之命誅殺桑維翰，「維翰至天街，遇李崧，駐馬語未畢，有軍吏

〔註46〕（宋）孫逢吉：《職官分紀》卷35《侍衛親軍司·都指揮使副都指揮使都虞候》，中華書局影印本1988年版，第657頁。
〔註47〕（宋）黃履翁：《古今源流至論·別集》卷8《將權》，文淵閣四庫全書本，第942冊，臺灣商務印書館1986年版，第607頁。
〔註48〕《石林燕語》卷6，第80～81頁。
〔註49〕（清）董誥等編：《全唐文》卷114，（後晉）石敬瑭：《平張從賓敕制》，中華書局影印本1983年版，第263頁。
〔註50〕《五代會要》卷24《諸使雜錄》，第392頁。
〔註51〕《冊府元龜》卷166《帝王部·招懷四》，第2009頁。
〔註52〕《舊五代史》卷85《晉少帝紀五》，第1121～1122頁。

於馬前揖維翰赴侍衛司」。胡三省注曰：「揖赴侍衛司，示將囚繫之也。一曰：
時張彥澤處侍衛司署舍。」〔註53〕另有史載曰：「軍吏前白維翰，請赴侍衛司
獄。」〔註54〕其實，不論是作「侍衛司」或「侍衛司獄」，都表明侍衛司有專
門的辦公地點，也就是官署，不然就無法理解「赴侍衛司」與「赴侍衛司獄」。
至於其規模、設置如何，史籍中並無明文，俱不可考。而侍衛司能夠羈押時
任中書令的桑維翰，可見侍衛獄權力之大，其職權範圍已不僅僅限於單一的
軍事領域。侍衛司機構的設置，是侍衛親軍制度發展歷程中的重要環節，此
舉大大抬高了侍衛親軍在禁軍中的地位，以至侍衛親軍終於取代六軍，成為
禁軍中的絕對主力。

　　在後漢統治的絕大部分時間內，史弘肇身為侍衛親軍統帥，憑藉所把持
的軍政大權，總領朝政，權勢無匹。也正是基於侍衛親軍統帥權力的急劇膨
脹，史弘肇在任期內，又進一步健全侍衛司機構，以加強侍衛司職權。如侍
衛司下設的侍衛司獄，不僅處罰軍中違禁者，而且通常染指普通民事的審理，
直接侵蝕司法機關的司法權。後漢乾祐年間，「貢院嘗錄一學科於省門叫噪，
申中書門下，宰相蘇逢吉令送侍衛司，請痛笞刺面」〔註55〕。照理此類事件
應由三法司（刑部、大理寺與御史臺）或開封府處理，蘇逢吉卻直接交給侍
衛獄，由此可知，侍衛獄受理案件已包括民事方面。侍衛獄的大權操持於侍
衛司首腦侍衛都指揮使一人之手，可任情專殺，無所顧忌，下述記載可以清
晰地說明此點：「漢法既嚴，而侍衛都指揮使史弘肇尤殘忍，寵任孔目官解暉，
凡入軍獄者，使之隨意鍛鍊，無不自誣。……得罪人，不問輕重，於法何如，
皆專殺不請，或決口、斷筋、折脛，無虛日；雖奸盜屏跡，而冤死者甚眾，莫
敢辯訴。」〔註56〕身為侍衛親軍最高統帥的史弘肇，甚至通過侍衛獄干預國
政。誠如史家所言：「漢有侍衛司獄，凡朝廷大事皆決侍衛獄。是時，史弘肇
為都指揮使，與宰相、樞密使並執國政，而弘肇尤專任。」〔註57〕但由於史
弘肇長期留駐京城，而侍衛親軍又經常有外出征戰的任務，其指揮權實際上
已被以樞密副使或樞密使身份領兵出征的郭威所掌握。

〔註53〕《資治通鑒》卷285，後晉齊王開運三年十二月，第9321頁。
〔註54〕《新五代史》卷29《桑維翰傳》，第321頁。
〔註55〕《舊五代史》卷107《史弘肇傳》，第1407頁。
〔註56〕《資治通鑒》卷288，後漢高祖乾祐元年十月，第9402頁。
〔註57〕《新五代史》卷27《康義誠傳》，第298頁。

後周太祖時期，侍衛司依然權重難制。廣順初年，王殷任侍衛親軍都指揮使，為抵禦契丹，太祖授其「天雄軍節度使，加同平章事，典軍如故。殷赴鎮，以侍衛司局從，凡河北征鎮有戍兵處，咸稟殷節制。又於民間多方聚斂，太祖聞而惡之。」太祖末年，王殷入覲，「震主之勢」越發顯露，太祖下令誅殺王殷，「眾情乃安」〔註58〕。侍衛親軍統帥驕橫跋扈、仗勢欺凌王權的情形，暫時得到抑制。而所謂「以侍衛司局從」，顯然就是將侍衛司這一軍事機構帶至新的任所，王殷被戮，固然原因眾多，但通過侍衛司以壟斷軍政大權的行為，顯然觸犯人主大忌，腰領不保的下場自然難以避免。後周世宗在整頓禁軍的基礎上，將殿前軍引入禁軍行列，並設置殿前司，從而形成與侍衛司相互牽制的格局，侍衛司桀驁不馴、難以駕馭的局面，漸漸有所改觀。

宋太祖立國後，起初仍然沿襲後周禁軍的「兩司」格局。侍衛司有其屬員，主要包括「孔目、勾押、押司、開拆官、前後行、通引官、客司、主獄等」〔註59〕。侍衛司亦有官印，「先是，雲捷軍士有偽刻侍衛司印者，捕得、斬之」〔註60〕。即為其證。宋太祖本人因禁軍翊戴而登上帝位，即位後對禁軍仍心存疑忌，為防止禁軍高級統帥恃功驕縱，以至禍起肘腋，便陸續取消禁軍中五個最高軍職的授受，即殿前都指揮使、侍衛親軍副都指揮使、殿前副都點檢、侍衛親軍副都虞候和侍衛親軍都指揮使，侍衛司的三個最高軍職均在其間，而這些軍職的不復除授，應該就是侍衛司不再掌握實際權力的信號。此後，作為侍衛親軍軍政機構的侍衛司，被侍衛馬軍司和侍衛步軍司取而代之，這是侍衛親軍制度至宋代發生的又一變化。

四、結語

綜上所述，侍衛親軍制度在五代宋初的發展，迭經釐革，代有不同。在其創始到漸致制度化的進程中，特定時期的軍事、政治鬥爭形勢，是導致侍衛親軍制度不斷嬗變的終極原因。後梁時期，鑒於唐末藩鎮割據所形成的內輕外重局面及其所造成的惡果，朱溫即位之初，著意培植私人武將以捍禦京師、鞏固帝位，故在六軍之外，將原藩鎮舊部中大部分元從部隊重組為侍衛親軍，形成六軍與侍衛親軍並重的格局。其時，侍衛馬、步軍的建制原則開

〔註58〕《舊五代史》卷124《王殷傳》，第1626～1627頁。
〔註59〕《職官分紀》卷35《侍衛親軍司·都指揮使副都指揮使都虞候》，第657頁。
〔註60〕《續資治通鑒長編》卷3，建隆三年七月，第70頁。

始確立，侍衛親軍都指揮使的軍職也已設立。隨著侍衛親軍力量的不斷壯大，其戰鬥力與地位漸次超越六軍，成為禁軍中的骨幹，六軍實力已呈現衰退之勢。後唐明宗時期，侍衛親軍深得倚重，以固定軍號繫於侍衛馬、步軍主力部隊的做法得以確立，最高軍職「侍衛親軍都指揮使」的稱呼也日見整齊劃一。後晉時期，侍衛親軍的三個最高軍職都指揮使、副都指揮使與都虞候，均已設置；作為侍衛親軍軍政機構的侍衛司，亦已成立。凡此種種，無不表徵侍衛親軍實力的急劇膨脹，促成這一現象的根源則在於軍事形勢的嚴峻，外有契丹的強大壓力，內有強藩的阻命叛離，故加強侍衛親軍的力量已成為維護王朝統治的有力舉措。而侍衛親軍的持續擠壓，終使六軍漸成虛名，地位繼續下降。後漢侍衛司權力更見顯赫，不僅染指民事，甚至干預國政。後周初期，侍衛司依然權重難制，至世宗時，殿前軍升為禁軍，六軍正式退出禁軍行列，殿前司與侍衛司並立，遂成相互制衡之勢，侍衛司的權力相應有所削弱。在王朝政治日趨有序化的宋初，為控制禁軍以避免王朝覆亡的命運，侍衛司的三個最高軍職長期空缺，侍衛司實際已被侍衛馬軍司與侍衛步軍司所取代，侍衛親軍制度的演變至此最終完成，這種制度設計仍然以鞏固王朝統治為著眼點。制度變遷因時而異的特徵，在五代宋初侍衛親軍制度的流變中，顯露無遺。

原載於張其凡、李裕民先生主編：《徐規教授九十華誕紀念文集》，
浙江大學出版社 2009 年版

五代兩宋時期農具稅探析
——兼論鐵禁的演變

　　五代兩宋時期係唐中葉啟動的賦稅結構調整的過渡與定型階段，其實質性內涵即賦稅徵納以「資產為宗」的原則，取代了漢唐時期長期沿用的以「丁身為本」的標準，起初由多稅種合併而成的兩稅中的田畝稅，漸次演變為賦稅的主要形式。而在徵稅對象逐步轉向田畝的過程中，作為正稅補充的各種田稅附加稅急劇增多。後唐開徵的農具稅，是為其時湧現的新型田稅附加稅之一，此後的後晉、後漢、後周以迄南宋高宗紹興初年相沿不廢，前後存在達兩百餘年之久，在五代兩宋田稅附加稅的眾多稅種中具有一定的代表性。並且，此稅明顯有異於由田稅稅物派生和由強制交換的博徵，轉換而致的各種附加稅，實則是鐵專賣稅入的轉化，係禁權的變相形式，其背後折射出的則是鐵禁鬆弛的狀況及其程度。而對於農具稅的性質、稅額與徵發等問題，王曾瑜、張澤咸、鄭學檬、吳樹國與杜文玉等學界前賢的相關論著，[註1]均有不同程度的探討，大致能反映農具稅的基本情況。不過，諸家所論多側重於五代時期，卻基本並未涉及農具稅在宋代施行與廢止的過程，而且對於農具稅與榷鐵之關係剖析不多，故而該論題似仍有重新梳理與探討之必要，以

〔註1〕 參見王曾瑜：《宋朝的兩稅》，《文史》第 14 輯，中華書局 1982 年版，第 122
　　　　 頁。張澤咸：《唐五代賦役史草》，中華書局 1986 年版，第 232 頁。鄭學檬：
　　　　 《五代十國史研究》，上海人民出版社 1991 年版，第 166 頁；鄭學檬主編：
　　　　 《中國賦役制度史》，上海人民出版社 2000 年版，第 321 頁。吳樹國：《唐宋
　　　　 之際田稅制度變遷研究》，黑龍江人民出版社 2007 年版，第 95 頁。杜文玉：
　　　　 《五代十國經濟史》，學苑出版社 2011 年版，第 252 頁。

期能進一步明晰農具稅變遷的始末，並藉此勾勒五代兩宋時期榷鐵政策演變的軌跡。

一、農具稅的淵源流變及其時代條件

　　自中唐兩稅法頒行伊始，伴隨田稅對戶稅的消解，附加於田賦上的各種非正式稅收，名目趨多，降至宋代，沿而不改，且呈愈演愈烈之勢，此即宋人所謂的「沿納」「沿徵」「雜變之賦」或「雜錢」，發端於後唐明宗初年的農具稅或農器錢，即為其中之一。作為五代時期產生的新稅種，農具稅最早以「農器錢」之名，出現於後唐明宗長興二年（931）十二月的敕文：「鄉村百姓，只於係省秋夏田畝上每畝納農器錢一文五分足陌，隨夏秋稅二時送納去。」〔註2〕至於為何開徵農具稅，明宗的詔書亦有說明：

> 富民之道，莫尚於務農；力田之資，必先於利器，器苟不利，民何以安？近聞諸道監冶所賣農器，或大小異同，或開關輕怯，才當開墾，旋致損傷。近百姓秋稼雖登，時物頗賤，既艱難於置買，遂抵犯於條章。苟利錐刀，擅興爐冶，稍聞彰露，須議誅夷。緩之則贍國不充，急之則殘民轉甚。加以巡檢、節級騷擾鄉間，但益煩苛，殊非通濟。〔註3〕

據上述內容可知，徵收農器錢的原因，表面看來不外乎如下三者：其一，各地監冶官場鑄造的農器，形制大小不一，質量低劣，難堪使用，極易破損，有礙農業生產的正常進行。其二，百姓購買不便，乃至出現冒禁「擅興爐冶」、私自鍛造以牟利者。實際上，天成年間（926～929）由於「官場農具去人戶遙遠，不便於民」，明宗已下令「逐縣置一場賣之」〔註4〕，但此舉似乎收效甚微，百姓不便購置農具的情況依然如故。其三，巡檢、節級借監督買賣農具之名，染指其間，或強行推銷，或以劣充優，或擅自加價，從而加重了百姓負擔。

　　勿庸諱言，農器錢的開徵確有以上因素存在，但根本性問題，歸結為一點，其實還是在於「贍國不充」，至於「殘民轉甚」的話頭，相較之下，顯然

〔註2〕（宋）王溥：《五代會要》卷26《鐵》，上海古籍出版社點校本1978年版，第422頁。

〔註3〕（宋）王欽若等：《冊府元龜》卷70《帝王部·務農》，中華書局影印本1960年版，第793頁。

〔註4〕《冊府元龜》卷849《總錄部·謀劃》，第10099頁。

並未觸及要害。所謂「贍國不充」，即是國家財政困窘，補給不足，而這才是問題的關鍵。而之所以出現財政虧空的局面，根源即在於「五代為國，興亡以兵」〔註5〕的時局特點。與之相應，軍費成為五代時期最主要的財政支出，而在募兵制的大背景下，其時軍費的主要構成為「人馬支費」、製造和購置軍需品的開支，以及對中央禁軍的「賜賚」等三大類。〔註6〕

實際上，後唐自莊宗開國之際，由於養兵、賞兵費用驟增，中央財政早已陷入入不敷出的艱難局面。承李唐中後期募兵制之餘緒，其時的兵員，有別於府兵制時代的義務兵，係職業雇傭兵，主要依靠召募方式而籌集，所需兵械器仗、衣糧醬菜，一概仰賴於政府提供。因而，供養常備之師，對於後唐羸弱的國家財政而言已經不堪重負；加以募兵制時代的兵員，除需以當兵方式解決個人溫飽之外，還要承擔養家糊口的義務，而為滿足家庭生計，尋求額外賞賜又是獲取生活資料的重要來源。然而，賞軍同樣需要財政支出作為後盾，如若賞賜不多或不及時，則極易導致士伍的離心或嘩變。兩者迭加，後唐財政壓力之大已然不難想見。史籍中亦不乏關於國庫儲蓄不足而難以賞軍、供軍的記載。如後唐莊宗同光（923～926）初年，「公府賞軍不足。（郭）崇韜奏請出內庫之財以助，莊宗沉吟有靳惜之意」〔註7〕。而「國力尚闕，天府未充」〔註8〕的形勢一經形成，實難扭轉。及至同光末年，因為養軍的緣故，仍然還是「倉儲不足」，乃至租庸使「頗朘刻軍糧，軍士流言益甚」〔註9〕。凡此種種，無不表明贍軍養士實為後唐初期財政支出的大宗，以至財政支出經常性地陷入捉襟見肘的困難境地。

「軍需尚重，國力未充」〔註10〕的情形，在明宗即位之後亦無改觀。鑒於莊宗吝財而激起兵變，明宗為避免重蹈覆轍，賞賜軍士的力度又有所增強，致使府庫長期空竭，故其後乃至有「明宗棄代之際，是時府庫濫賞已竭」〔註11〕

〔註5〕 （宋）歐陽修：《新五代史》卷27《康義誠傳》，中華書局點校本1974年版，第297頁。

〔註6〕 陳明光：《論五代的軍費》，《廈門大學學報》2011年第1期。

〔註7〕 （宋）薛居正：《舊五代史》卷57《郭崇韜傳》，中華書局點校本1976年版，第766頁。

〔註8〕 《冊府元龜》卷547《諫諍部·直諫十四》，第6569頁。

〔註9〕 （宋）司馬光：《資治通鑒》卷275，後唐明宗天成元年三月戊辰，中華書局點校本1956年版，第8968頁。

〔註10〕 《冊府元龜》卷92《邦計部·賦稅二》，第5839頁。

〔註11〕 《舊五代史》卷93《李專美傳》，第1230頁。

的說法。由於用度浩大，兩稅收入遠遠無法應付軍事財政需求，故而新闢稅源以彌補財政虧空，成為明宗擺脫財政窘境的必然選擇。加之此前提到的官場鐵冶利益受到民間「擅興鐵冶」的侵奪，鐵的專賣收入有所減少，從保障鐵利並使之成為中央財政穩定補充的角度出發，明宗遂一改此前的禁鐵方式，轉而以新設農器錢的名目向百姓徵稅，將鐵的專賣收入通過農具稅的方式強行攤派至地畝。就此而論，以鐵利填補財政缺口，無疑是徵收農具稅的根本出發點。

值得注意的是，軍事財政的突出特點所導致的國庫財用枯竭狀況，是五代兩宋時期的普遍情形。如後晉時期，高祖「詔修西京大內，（薛）融以鄴下用兵，國用不足，上疏復罷之」〔註 12〕。末帝在位期間依然面臨「國用不足」〔註 13〕的困擾，以至有「今國家不幸，府庫空竭，不得已取於民」〔註 14〕的話頭。後漢高祖登基之初，為改變「府庫空竭」的局面，甚至採取「括借都城士民錢帛」〔註 15〕的措施。財政不足的形勢，在後周時期亦無起色，即便進入宋初，「承五代荒亂之餘，府庫空竭」〔註 16〕，財政支出短缺的問題依舊嚴重。而對於統治者來說，紓解財政壓力最便捷而簡單易行的方式，莫過於想方設法巧立名目，新增稅源，加重賦斂，農具稅即是其時湧現出的名目眾多的雜稅之一，誠如宋人所言：「蓋自唐室解紐，五朝挺災，屠王諸侯，盜據方國，壞合徹之典，取一切之宜，掊克無厭，禁令自出。於是有身丁、地頭之賦，農具、牛皮之徵。鬻酒則戶出曲錢，煮海則家增鹽價。」〔註 17〕而農具錢之所以長期沿而不廢，即便曾一度短暫免除，但時隔未久又重新開徵，其根本原因也就在於統治者希望藉此增加鐵利收入，緩釋財政虧空的巨大壓力。

不過，儘管上引長興二年（931）十二月的詔書，明確提到徵取「農器錢」，但該稅的開徵，卻還要等到下一年度。這是因為其時夏秋稅的徵納，大致遵循「夏稅無過六月，秋稅無過十一月」〔註 18〕的時限規定，而當年十二月份，

〔註 12〕《舊五代史》卷 93《薛融傳》，第 1233 頁。

〔註 13〕《資治通鑑》卷 283，後晉齊王天福八年七月己丑，第 9251 頁。

〔註 14〕《資治通鑑》卷 284，後晉齊王開運元年四月，第 9271 頁。

〔註 15〕《資治通鑑》卷 286，後漢高祖天福十二年正月，第 9335 頁。

〔註 16〕（宋）李燾：《續資治通鑑長編》卷 196，嘉祐七年五月丁未，中華書局點校本 2004 年版，第 4756 頁。

〔註 17〕《全宋文》卷 429，（宋）宋庠：《論蠲除雜稅箚子》，上海辭書出版社、安徽教育出版社 2006 年版，第 390 頁。

〔註 18〕（後晉）劉昫等：《舊唐書》卷 48《食貨志上》，中華書局點校本 1975 年版，第 2093 頁。

該年度的兩稅原則上已經收繳完畢，上述詔令並無可能在本年度得到執行。因此，農具稅的起徵始於長興三年（932）。

繼後唐而起的後晉、後漢、後周各朝，繼續徵收農具稅，所謂「後歷晉漢周皆不改其制」〔註 19〕之語，即為其證。這種情形在史籍中也有不同程度的反映，如後周廣順二年（952），李元懿投匭獻六事，其中的第一件事就有「臣為北海令時，夏秋苗上每畝麻、農具等錢」〔註 20〕的說法，可見，按照規定，鄉村百姓在繳納夏秋稅時，同樣需要提供農具錢。

入宋之後，農具稅仍在延續。直到真宗在位期間，「河北水，（呂夷簡）選知濱州。代還奏：『農器有算，非所以勸力本也。』」〔註 21〕「請免稅河北農器，上曰：『務穡勸耕，古之道也，豈獨河北哉？』」〔註 22〕遂於大中祥符六年（1013）七月詔曰：「關市之征，所以禁末業；田疇之利，所以勸力耕。豈於稼器之中，亦取耏門之稅。」〔註 23〕宣布取消農具稅。據此而言，宋初仍然存在農具稅的名色，真宗的上述詔令，則意味著農具稅於此時正式廢止。然而，為時不久，農具稅又重新復活。

從現存記載來看，至遲自北宋仁宗朝起，農具稅又再度開徵。大約成書於皇祐五年（1053）的歐陽修《五代史記》記載：長興二年（931）十二月「除鐵禁，初稅農具錢」。宋人徐無黨注曰：「至今因之，故書。」〔註 24〕胡三省注引此語時則說：「稅農具錢，至今因之。」〔註 25〕由此表明，農具稅在短暫廢除後，於仁宗朝再次恢復徵收。而熙寧二年（1069），韓琦的上疏依然提到：「況今天下田稅已重，固非《周禮》什一之法，更有農具、牛皮、鹽曲、鞵錢之類，凡十餘目，謂之雜錢。」〔註 26〕農具錢仍然在列，這是神宗在位期間徵收雜錢十餘種名目者之一。直到南宋紹興八年（1138）三月，高宗下詔「蠲

〔註 19〕《冊府元龜》卷 70《帝王部．務農》，第 793 頁。
〔註 20〕《冊府元龜》卷 547《諫諍部．直諫第十四》，第 6575 頁。
〔註 21〕（元）脫脫等：《宋史》卷 311《呂夷簡傳》，中華書局點校本 1985 年版，第 10206 頁。
〔註 22〕（宋）呂中：《類編皇朝大事記講義》卷 7《真宗皇帝．恤民》，上海人民出版社點校本 2014 年版，第 156 頁。
〔註 23〕（宋）佚名：《宋大詔令集》卷 183《政事三十六．財利上．免稅農器詔》，中華書局排印本 1962 年版，第 665 頁。
〔註 24〕《新五代史》卷 6《唐明宗紀》，第 63 頁。
〔註 25〕《資治通鑒》卷 277，後唐明宗長興二年十二月甲寅胡三省引徐無黨注，第 9063 頁。
〔註 26〕《宋史》卷 176《食貨志上四．常平、義倉》，第 4284 頁。

農器及牛稅」〔註27〕，農器稅的徵收，即於此時宣告終止。

順便需要提及的是，或許是受中原王朝的影響，長期與五代、北宋對峙的北方契丹族政權遼，亦曾一度徵收農器錢，史載：以南京、平州歲不登，時任大丞相的耶律隆運，「奏免百姓農器錢，及請平諸郡商賈價。並從之」〔註28〕。而據「農家辛苦感國恩，農具依前俱勿稅」〔註29〕的詩句來看，元代似乎也徵收過農具稅。至於遼代與元代農具稅徵收的詳情如何，因史籍脫載，今人已不得而知。

二、農具稅的徵收、性質與評價

肇始於後唐明宗時期的農具稅，至南宋初年廢除，前後延互了兩百年有餘，在此特定歷史時期名目眾多的各種賦斂之中，無疑頗具代表性。職此之故，接下來還需對農具稅的稅額、繳納時限、徵收地域與性質等若干問題稍加鋪陳，以便形成對該稅的全面認知和判斷。

首先來看農具稅的稅額。明宗詔令徵取農器錢之初，即對稅額作出明確規定，所謂「於夏秋苗畝上，納農器錢一文五分足」〔註30〕。質言之，就是百姓在輸納夏秋二稅時，以每畝一文五分的稅額標準，上繳農器錢。另有史籍則稱：長興二年（931）十二月甲寅，「初聽百姓自鑄農器並雜鐵器。每田二畝，夏秋輸農具三錢」〔註31〕。兩畝田繳納三文農器錢，稅額依然是每畝一文五分。對此，馬端臨的說法更為直白：「長興二年，人戶每田畝納農器錢一文五分。」〔註32〕這種徵收額度，其後一直相沿不改。

但制度性的設計與其在現實中的執行，往往未盡一致，農具稅在實際推行過程中，地方官吏不遵守規定稅額，而擅自超額徵取的現象，時有發生。如李元懿在廣順二年（952）就向朝廷反映：「臣為北海令時，夏秋苗上每畝麻、農具等錢，省司元定錢十六。及劉銖到任，每畝上加四十五，每頃配柴五

〔註27〕《宋史》卷29《高宗紀六》，第536頁。
〔註28〕（元）脫脫等：《遼史》卷82《耶律隆運傳》，中華書局點校本1974年版，第1290頁。
〔註29〕（元）胡祗遹：《紫山大全集》卷4《農器歎寄呈左丞公》，文淵閣四庫全書本，第1196冊，臺灣商務印書館1986年版，第50頁。
〔註30〕（元）馬端臨：《文獻通考》卷18《征榷五‧坑冶》，中華書局影印本1986年版，考一七八。
〔註31〕《資治通鑑》卷277，後唐明宗長興元年十二月甲寅，第9063頁。
〔註32〕《文獻通考》卷3《田賦考三‧歷代田賦之制》，考五一。

圍、炭三秤。省條之外,刑〔別〕立使限徵。臣竊聞諸道亦有如劉銖配處,望令禁止。」〔註33〕儘管此載將麻、農具等錢並提,徵取農具錢的準確額度難以明晰,但突破原定每畝一文五分的限額,當為不爭之事實。按照規定,麻、農具等錢每畝應徵收 16 文,而劉銖將其提高到 45 文,增幅竟然多達 29 文,另外每頃還要配徵柴、炭若干,加徵之程度不可謂不嚴重。並且,「諸道亦有如劉銖配處」,可見任意提高農具稅錢額的情況,並非僅此一例,而是在各地多多少少都有出現。當然,從制度層面而言,加徵、配徵均屬有違常制的行為,所以李元懿「望令禁止」,其目的在於將農具稅的徵收納入制度化的軌道。

其次來看農具稅的徵收時間及地域範圍。農具稅的繳納,亦有時限規定。前述引文對此已有說明,即農具稅隨夏秋稅二時送納官府。如果理解不誤的話,大致可以認為,在正稅上繳的夏季或秋季立限之前,鄉村百姓均可向官府輸納農具稅,而不必拘於一時。這種處理方式,較之於指定單獨的確切時間、一刀切的硬性做法來說,相對靈活變通,一定程度上考慮到百姓上下半年度的不同收入情況,便於百姓根據自身物力的實際水平,調整選擇納稅時間,此舉當然更加有利於農具稅的徵收。

值得注意的是,農具稅起初推行之際,毫無疑問屬於全國性稅種。換言之,後唐王朝所轄地域範圍內的所有農戶,都必須按照田畝的實際面積,向官府繳納一定數量的農具稅。不過,由於該稅種出臺時,天下亂離,瓜分豆剖,強藩擅命而擁土自立者所在多有,其時與後唐並立的政權,在廣袤的南方即有後蜀、南漢、楚、吳越、閩、荊南等,而這些小國都是王命不宣之處,中原王朝的諸多政策並無實施之可能。與之相應,徵收農具稅的措施,也應當僅僅侷限於後唐王朝所統治的以中原地區為核心的區域。而在現存文獻中,迄今也並未發現南方割據政權徵收農具稅的記載。其後的五代各朝,大抵如此。即便是趙宋王朝立國之後,農具稅的徵收地域,應該也並未擴展至宋廷相繼平定的荊湖、川蜀、嶺表、江南和河東地區。所以,祥符六年(1013),真宗「詔天下勿稅農器」〔註34〕,所指諸路仍然是以中原為中心的區域。

再次來看農具稅的性質。宋人將農具稅歸入與正稅相對的雜賦之列。雜賦又稱沿納或沿徵,史載:「自唐以來,民計田輸賦外,增取他物,復折為賦,

〔註33〕《冊府元龜》卷 547《諫諍部·直諫十四》,第 6575 頁。
〔註34〕(宋)王稱:《東都事略》卷 4《真宗紀》,《二十五別史》,第 19 冊,齊魯書社點校本 2000 年版,第 28 頁。

所謂雜變之賦者也，亦謂之沿納。而名品煩細，其類不一，官司歲附帳籍，並緣侵擾，民以為患。」〔註35〕另有史籍則說：「雜變之賦，牛、革、鼍鹽之類，隨其所出，變而輸之是也。」〔註36〕歸根溯源，宋人所稱雜賦或雜錢，大多出自五代，誠如張方平所言：「自古田稅，穀帛而已。今二稅之外，諸色沿納，其目曰陪錢、地錢、食鹽錢、牛皮錢、蒿錢、鞋錢。如此雜科之類，大約出於五代之季，急徵橫斂，因而著籍，遂以為常。」〔註37〕史籍亦載：「自唐室藩鎮多便宜從事，擅其徵利，以及五季，諸國益務培聚財貨以自贍，故徵算尤繁。」〔註38〕各種無名科斂、法外濫徵，比比皆是。後世史家對此亦有如下論述：

> 自唐漁陽之亂，藩鎮擅土自殖，迄於割據而天下裂。有數郡之土者，即自帝自王，建蟻封之國。養兵將，修械具，僭儀衛，侈宮室，立百官，益以驕奢，其用不貲。戶口農田之箕斂，史不詳其虐取者奚若，概可知其谿壑之難填矣。然而固不給也。於是而海國之鹽，山國之茶，皆官權賣；又不足，則權酒、稅農器之令，察及毫毛。迨宋之初，未能除也，皆仍僭偽之陋也。〔註39〕

此載同樣認為，宋初的各種「箕斂」名目，都是直接承襲自五代各朝，農器稅即為其中之一。

具體就農具稅而言，宋庠嘗道：「當今正稅之外，雜賦至繁，詭制異科，醜名暴斂。」而其所舉雜賦的諸多名目之中，即包含有農具錢。〔註40〕雜賦在熙寧變法之後徑被稱為雜錢，李復即說：「舊稅沿納錢內有鹽、鞋、麻、布、牛皮等錢十餘色，昨因方田，盡隱其名，並只稱雜錢。」〔註41〕韓琦即將農具錢視為雜錢之一。〔註42〕

農具錢或農具稅自產生之際，即隨正稅於夏秋二時交納。長興二年（931）

〔註35〕《續資治通鑑長編》卷113，明道二年十月壬戌，第2642頁。
〔註36〕《宋史》卷174《食貨志上二·賦稅》，第4202頁。
〔註37〕（宋）張方平：《張方平集》卷25《論免役錢箚子》，中州古籍出版社點校本1992年版，第392頁。
〔註38〕《宋史》卷186《食貨志下八·商稅》，第4542頁。
〔註39〕（清）王夫之：《宋論》卷2《太宗》，中華書局點校本1964年版，第47頁。
〔註40〕《全宋文》卷429，宋庠：《論蠲除雜稅箚子》，第390頁。
〔註41〕（宋）李復：《潏水集》卷3《上戶部范侍郎書》，文淵閣四庫全書本，第1121冊，臺灣商務印書館1986年版，第21頁。
〔註42〕《宋史》卷176《食貨志上四·常平、義倉》，第4284頁。

十二月，後唐明宗「詔開鐵禁，許百姓自鑄農器、什器之屬，於秋夏田畝上，每畝輸農器錢一文五分」〔註43〕，明確規定百姓於夏秋上繳田稅時，輸納農器錢。這一做法在其後農具稅徵收的過程中，同樣得到執行。如後周李元懿擔任北海令時，就曾依據田畝在夏秋徵收農具等錢，〔註44〕沿襲的還是後唐時期的徵收方式。宋代農具稅的徵收，與五代一脈相承。據此而論，農具稅因依附於兩稅，故其本質上屬於田稅附加稅。

最後還需對徵收農具稅的影響稍加討論。實際上，作為正稅補充的兩稅附加稅的不少名目，早在兩稅法頒行之後不久即已產生。兩稅法原則上禁止徵收其他雜稅，因此田稅附加稅的各種稅目，於法無據，於理難容，實係有違法理或非制度化的產物。而以各種形式出現的田稅附加稅，對政府而言固然有彌補財政不足的作用，但客觀上卻加重了百姓負擔。具有田稅附加稅性質的農具稅，亦概莫能外。也正是因為農具稅本係法外之徵，屬於政府盤剝小民之舉，是五代兩宋各朝在農業再生產正常道路上強行設置的障礙，所以對於真宗下詔免除諸路農器稅的舉措，富弼等人即有如下評價：「關市之賦，所以徵商也。稅及農器，去古法遠矣。……真宗推農務之道，使天下免稅稼器，固聖人知博利也。」〔註45〕呂夷簡也由於建言廢止農具稅，而獲得士大夫的美譽。史載：

> （呂夷簡）嘗通判通、濠二州。往河北按行水災，還奏曰：「今田器有算，非所以重本也，請除之。」真宗納其言。自是天下農器皆免耳。時王曾為知制誥，一日至中書見宰相王旦，旦謂曾曰：「君識呂夷簡否？」曾曰：「不識也。」它日復問，曾曰：「嘗訪之士大夫，人多稱其才者。」旦曰：「此人器識遠大，君其善交之。異日，當與君對秉鈞軸。」曾曰：「公何以知之？」旦曰：「吾亦不識夷簡，但以其奏請得之。」曾曰：「奏請何事？」旦曰：「如不稅農器是已。」既而，擢提點兩浙刑獄。〔註46〕

由此不難看出，農器錢的徵取的確是擾民行為，官僚士大夫對此也是心知肚明，但在其延續多年之後，敢於向朝廷提議廢止者，呂夷簡當為第一人。

〔註43〕《舊五代史》卷42《唐明宗紀八》，第583～584頁。
〔註44〕《冊府元龜》卷547《諫諍部·直諫十四》，第6575頁。
〔註45〕（元）佚名：《宋史全文》卷6《宋真宗》，大中祥符六年七月，中華書局點校本2016年版，第263頁。
〔註46〕《東都事略》卷52《呂夷簡傳》，第409頁。

其後宋人仍然對此舉讚賞有加：「昔議鼓鑄，呂申公獨建言，願不禁農具，識者謂有宰相器，後果如約。」〔註47〕意謂僅憑此事，足可窺見呂夷簡具備擔任宰輔的才能，後來其果然榮登相位，躋身鈞軸，誠如史籍所載：「呂許公夷簡為郡守，上言乞不稅農器。真宗知其可為宰相，記名殿壁，後果正臺席。」〔註48〕

上述對於農具稅的看法，不獨為宋人所專擅，明清之際的王夫之對此的批評尤為尖銳：

> 李嗣源天成三年，聽民造麴，而於秋稅畝收五錢，又三年，聽民鑄農器，於夏秋稅二畝收農具三錢，自謂寬政，而不知其賊民之益甚也。造麴者非必有田，有田者方待麴於人而不知造，無端而代鬻麴者以輸稅，其稅之也何名？至於鑄農器者，不耕而獲農人之粟，哀此貧農，輟餐褫衣以博一器，而又為冶人代稅。二者橫徵，而後農民之苦日積而月深矣。〔註49〕

在他看來，酒麴錢與農具錢性質無異，皆是官府「賊民」「橫徵」之舉。而在田稅附加稅的諸多稅種中，「唯農器之稅，為虐已甚」，其原因則在於，「稅興而價必湧貴，貧民不贍，則器不利而土荒，民之貧，日以酷矣」〔註50〕。而針對「二畝三錢耳，無大損於民，而合以成多」的說法，王夫之又有相當理性和客觀的分析，所謂「日益之，歲增之，不見多而積矣」。更重要的是，「至不仁者，自矜其得利之易，合併以責之田畝。此法一立，相仍者累積而不已，明主弗能察也，惠主弗能蠲也，延及數百年，而戶口鹽鈔桑絲錢息車船木竹之稅，一灑散之於田畝」〔註51〕。依附於田畝的各種雜稅名目，前後相繼，綿延數世，為害益烈，難以根除。正因持有上述見解，對於農具稅始作俑者的後唐明宗，王夫之的評價與傳統觀點迥然有異，如其所稱：「孰謂嗣源為有仁心而幾於小康乎？」〔註52〕這種說法亦不無理據。

實際上，農具稅的徵收以放開鐵禁為前提，後者在明宗長興二年（931）

〔註47〕（宋）李新：《跨鼇集》卷21《上趙龍圖書》，文淵閣四庫全書本，第1124冊，臺灣商務印書館1986年版，第572頁。

〔註48〕（宋）魏泰：《東軒筆錄》卷3，中華書局點校本1983年版，第32頁。

〔註49〕（清）王夫之：《讀通鑒論》卷29《五代中》，中華書局點校本1975年版，第1052頁。

〔註50〕《宋論》卷2《太宗》，第47頁。

〔註51〕《讀通鑒論》卷29《五代中》，第1052頁。

〔註52〕《讀通鑒論》卷29《五代中》，第1053頁。

十二月的詔書中有明確揭示：「今後不計農器、燒器、動使諸物，並許百姓逐便自鑄造，諸道監冶，除當年定數鑄辦供軍熟鐵並器物外，祗管出生鐵，比已前價，各隨逐處見定高低，每斤一例減十文貨賣，雜使熟鐵，亦任百姓自煉。」〔註53〕也就是說，官府不再把持農器的鑄造和買賣，監冶官場在原有價格上每斤減 10 文，向百姓出賣生鐵，並允許民間自行鑄造農具、燒器等生產生活用品和冶煉熟鐵。這種將農器鑄造下放至民間的措施，看似可以克服「諸道監冶所賣農器，或大小異同，或形狀輕怯，纔當開墾，旋致損傷」〔註54〕的弊病，但對於僅能維持生存的普通農戶家庭而言，自置爐冶鍛造農具，談何容易？是以，農器的鑄造往往淪入鄉間豪民富戶手中，而因逐利的需要，此類富民在鑄造農器時難免偷工減料，如此一來，農具的質量依然難以保證。如長興四年（933）三月，後唐明宗「巡幸近郊，見農民田具細弱」〔註55〕，反映的就是鐵禁放開之後，農具有欠精良的客觀情況。

然而，「鐵器者，農夫之死士也。死士用，則仇讎滅，仇讎滅，則田野闢，田野闢而五穀熟」〔註56〕。倘若鐵製農具難以滿足耕稼活動的基本要求，對農業收成的影響顯而易見。結合上文所述，這種情況與鐵禁是否放開似乎關係不大，但問題在於，政府每斤生鐵減價 10 文出賣所讓渡的利益，應當遠遠低於徵收農具錢所獲的稅入。拋開其他方面的細緻比較不說，單從農戶購置農具的角度而言，不論其是否購買生鐵，每年都必須按時輸納農具稅，再者一般的大型鐵製農具，也根本無須每年購買，但是農具稅的繳納，卻是農戶家庭每一年度必須承擔的義務，該稅種強制性特徵極其明顯，百姓的生存壓力勢必因此而有所加大。

三、從農具稅看榷鐵政策的演變

如前所述，後唐明宗長興年間（930～933）開徵的農具稅，是放開鐵禁的產物，其實質則是政府將鐵的專賣稅轉化為田稅附加稅，而硬性將鐵利攤派在百姓身上的結果。因此，農具稅自出現伊始，就與榷鐵政策的演變聯繫至密，而該稅在五代兩宋時期的興廢軌跡，也就能在相當程度上反映此一歷史時期鐵禁變遷的脈絡。

〔註53〕《五代會要》卷 26《鐵》，第 422 頁。
〔註54〕《冊府元龜》卷 70《帝王部‧務農》，第 792 頁。
〔註55〕《冊府元龜》卷 70《帝王部‧務農》，第 793 頁。
〔註56〕王利器校注：《鹽鐵論校注》卷 1《禁耕》，中華書局 1992 年版，第 73 頁。

1. 五代時期的榷鐵

鐵是製造農具、武器等的重要材料，鐵器的發明、使用和推廣，對於人類生產生活具有重大意義。我國鐵的冶煉和鐵器的鑄造，可上溯至春秋、戰國之際。而自戰國中期伊始，鐵農器在農具中已取得主導地位，其品種日益增多。〔註 57〕伴隨戰國、秦漢時期礦冶業的發達，獲利可觀的礦稅收入，漸致成為國家財政的重要支柱。漢武帝實行鹽鐵專賣政策，鐵利在各種礦稅收入中獨佔鰲頭。受時代條件的影響，其後各朝鐵禁或弛或緊。李唐王朝中期前後，鐵禁依舊寬嚴不一。而自德宗興元年間（784）以後，直至唐末，官員擔任諸道鹽鐵使的記載頻繁見諸史載，足見礦稅繼續存在。〔註 58〕

五代初期實行的榷鐵政策，大體上承唐末。其時戰無寧日，採礦業受到衝擊，礦稅收入自然有所下降，但鐵專賣措施仍然行之不輟。如同光二年（924）的敕令提到：「歷代以後，除桑田正稅外，只有茶、鹽、銅、鐵出山澤之利，有商稅之名，其餘諸司，並無稅額。偽朝已來，通言雜稅，有形之類，無稅不加，為弊頗深，興怨無已。今則軍需尚重，國力未充，猶且權宜，未能全去。」〔註 59〕可見，後梁沿襲了唐末的榷鐵政策，並且由於財政難以應付供軍需要，後唐莊宗朝也並未對此加以改變，甚至還出現紐配鐵稅等錢的情況。同光四年（926），駱鵬舉上疏，即請求鹽、鐵雜稅等錢不紐配。〔註 60〕明宗天成元年（926）四月的即位制書曾說：「諸道營田租庸司先專差務使，無益勸農，起今後並委州使管係，所納農具、斛斗據數申省。」〔註 61〕內中所言「農具」，實際上是指官場監冶出售農具所獲課利，其原屬諸道營田租庸司所遣專門人員負責，因「無益勸農」，故而調整為由各州管理，將售賣農具所得直接送交中央財政部門。

明宗繼立之初，鐵的開採與包括鐵製農具在內的鐵器鑄造、營銷，同樣被官府完全操縱。天成年間（926～929），布衣李守圭詣闕進時務策七道，其中的第四條即稱：「以官場農具去人戶遙遠，不便於民，請逐縣置一場賣之。」〔註 62〕可知農具由官場統一出售，鐵利盡歸政府所有。長興元年（930）二月，

〔註 57〕 楊寬：《中國古代冶鐵技術發展史》，上海人民出版社 2004 年版，第 313 頁。
〔註 58〕 張澤咸：《唐五代賦役史草》，中華書局 1986 年版，第 214 頁。
〔註 59〕 《冊府元龜》卷 488《邦計部·賦稅二》，第 5839 頁。
〔註 60〕 《冊府元龜》卷 547《諫諍部·直諫十四》，第 6571 頁。
〔註 61〕 《冊府元龜》卷 92《帝王部·赦宥十一》，第 1106 頁。
〔註 62〕 《冊府元龜》卷 849《總錄部·謀劃》，第 9892 頁。

明宗下令：「天成二年終已前，諸道銅、銀、鐵冶，銀錫、水錫坑窟應欠課利，兼木炭、農具等場欠負，亦與放免。」〔註63〕在放免鐵冶等「應欠課利」、農具等「欠負」之外，其中反映的也有鐵冶、出賣農具等事務，一律由官場壟斷經營的實情。

以長興二年（931）十二月發布徵收農具稅的詔令為標誌，榷鐵禁令開始有所鬆動，即如史籍所稱「除鐵禁，初稅農具錢」〔註64〕，正式開放鐵禁，將長期由政府壟斷的鐵利，以改徵農具稅的方式而獲得。不過，此次鐵禁的鬆弛並不徹底，因為詔書明確指出：「諸道監冶，除依常年定數鑄辦供軍熟鐵并器物外，祇管出生鐵，比已前價，各隨逐處見定高低，每斤一例減十文貨賣。雜使熟鐵，亦任百姓自煉。巡檢、節級、勾當賣鐵場官并鋪戶一切並廢。」〔註65〕也就是說，除依舊承擔冶鑄供軍所需的常額熟鐵和器物外，諸道監冶的主要任務是冶煉生鐵，比照原來價格每斤減價 10 文向百姓出售，並且此前插手鐵農具經銷的各類官員、鋪戶亦一併廢除。就此而言，礦冶的開採和生鐵的冶煉，仍為諸道監冶控制，政府並未向民間開放，放開的僅僅是允許百姓購買官場生鐵和冶煉熟鐵、鑄造鐵農具，其前提條件則是徵收農具稅。所以說，這次詔開鐵禁，究其實質，是鐵的專賣由完全禁榷轉向了不完全禁榷的形式；一方面，採礦權與冶煉生鐵的權利，依然牢牢掌握在政府手中，民間力量無法涉足其間；另一方面，百姓在向官場購買生鐵後，可自行鑄造熟鐵和農器等物品。

還應注意的是，明宗詔開鐵禁的規定，實際上並未完全解除官府對生鐵的控制，這在後晉天福六年（941）八月的敕書中有所印證：「諸道鐵冶三司先條流，百姓農具，破者須於官場中賣，鑄時卻于官場中買鐵。今後並許百姓取便鑄造、買賣。所在場院，不得禁止攪擾。」〔註66〕由此可知，在此則詔令頒布之前，生鐵的買賣全部由諸道鐵冶設置的官場統一經營，百姓購買生鐵和出賣破損農具，都必須在官場進行，這也就意味著鐵的生產和貿易，都處於政府壟斷的模式中，政府對原鐵的控制仍然極其嚴格。而後晉天福六年（941）敕書傳遞出的，則是鐵禁進一步放開的信息，開始允許百姓自由鑄

〔註63〕《冊府元龜》卷 93《帝王部·赦宥十二》，第 1110 頁。
〔註64〕《新五代史》卷 6《唐明宗紀》，第 63 頁。
〔註65〕《文獻通考》卷 18《征榷五·坑冶》，考一七八。
〔註66〕《五代會要》卷 26《鐵》，第 422 頁。

造和買賣鐵器，這就為後來通商法的實行打開了口子。自此之後，直到後周，農具稅的徵收長期行而不廢，與之相應的即是鐵專賣的不完全禁権方式的延續，其具體措施也應該與後晉時期的做法大致相同。

2. 兩宋時期的権鐵

趙宋王朝開國之初，制度方面大多上承五代，農具稅的徵收也被直接照搬沿用。由於農具稅實乃権鐵收入的改頭換面，與政府實施的鐵禁政策密切掛鉤，故而農具稅的興廢與否，相當範圍內昭示著鐵禁鬆弛嚴密的變動狀況，一定程度上反映了権鐵政策的變遷進程。而有關兩宋権鐵的討論，汪聖鐸、王菱菱、魏天安等先生在相關著作中，〔註67〕已經有所涉及，讀者自可參閱。下文則主要圍繞農具稅在兩宋時期的存廢而展開，囿於篇幅，亦僅能言其大概，而不太可能涉及更大範圍的討論。

遵照五代徵收農具稅的遺制，入宋之後鐵的專賣，採取的應當也是不完全禁権的方式，即由官府壟斷鐵礦的開採、生鐵的冶煉與部分鐵器的鑄造，百姓於官場購買生鐵，並以之製造鐵農具等生產生活用品，這些鐵製品皆可自由買賣。至少北宋初期的情形即是如此，政府最初也僅僅在鐵的使用上有所限制。史載：宋太祖開寶五年（973）正月「丁酉，禁民鑄鐵為佛像、浮屠及人物之無用者，上慮愚民多毀農器以徼福，故禁之」〔註68〕。這是針對鐵器鑄造做出的規定，意即民間可自由購買生鐵，鑄造鐵器，但不得毀壞農器，將之作為製作佛像、浮屠及人物等的材料。由此也可看出，鐵器的鍛造和生產，其時並未全部集中於官場。

不可否認的是，官營場監依然是產鐵的主要來源，其產量的相當一部分，主要用於製造兵器和鑄錢。如太平興國四年（979）所置河東路大通監，所產之鐵即在製成鐵坯後運送京師用以製作武器。因鐵坯尚需烹煉，耗費不少人力和物力，故而太宗「諭本冶，令製成刀劍之樸，乃以上供」〔註69〕。另外，大通監出產的鐵，也用來製造鐵錢。咸平二年（1005），河東轉運使宋搏就說：

〔註67〕 汪聖鐸：《兩宋財政史》，中華書局 1995 年版，第 303～307 頁；《兩宋貨幣史》，社會科學文獻出版社 2003 年版，第 463～471 頁。王菱菱：《宋代礦冶業研究》，河北大學出版社 2005 年版，第 388～395 頁。魏天安：《宋代官營經濟史》，人民出版社 2011 年版，第 464～472 頁。

〔註68〕 《續資治通鑒長編》卷 13，開寶五年正月丁酉，第 278 頁。

〔註69〕 （宋）程俱：《北山集》卷 28《進故事》，文淵閣四庫全書本，第 1130 冊，臺灣商務印書館 1986 年版，第 278 頁。

「大通監冶鐵盈積，可供諸州軍數十年鼓鑄。」〔註70〕這類礦冶單純為政府生產，鐵產品全部歸政府所有。而宋廷對大通監等大型礦冶的控制，其目的當然在於掌握鐵產品的流向。

但有些官場坑冶所產生鐵的售賣，其後又有相當一部分，逐漸由政府統一經營，轉變為允許商人販易，這是榷鐵轉向通商的表徵。真宗咸平四年（1007）七月詔曰：「澤州大廣鐵冶，許商旅於澤、潞、威勝軍入納錢、銀、匹帛、糧草折博，及於在京榷貨務入傳（博）買。」〔註71〕此處坑冶實行的是入中法，實際上也就是交引法。然而，入中法與交引法並未在北宋前期的所有地區實行，如福建路泉州、福州等地的生鐵，就無需經過入納糧草購買鐵引的環節，而是直接由商賈販易於江浙間，一直到慶曆三年（1043），才採取「許有物力客人興販，乃召保出給長引，只得詣浙路去處販賣」〔註72〕的措施，借鑒的是其他地區推行的交引榷鐵法。

不過，大約為防止生鐵出境而為敵國所有，並將之製成兵器，宋初邊境地區的鐵禁措施相對嚴密，可謂真正意義上的禁榷。如「上聞邊民乏農器，詔弛鐵禁」〔註73〕，可知宋廷沿邊地區確曾實行嚴格的榷鐵之舉，而出於重農的目的，真宗特此下詔予以解除。景德二年（1005）九月，又「詔許河中府民齎鐵器過河，於近郡貨鬻，其緣邊仍舊禁斷」〔註74〕。由此表明，宋廷在恢復邊疆地區的鐵禁之後，仍然禁止將鐵產品販易至邊境地區。但在黃河以北的「近郡貨鬻」則不在限制之列。而所謂的「近郡貨鬻」，反映的應該還是通商法施行的情況。

伴隨大中祥符六年（1013）農具稅的取消，鐵禁名義上正式放開，礦冶開採及鐵、鐵製品買賣，原則上均應向民間開放。但正如前文所述，農具稅在仁宗朝再度開徵，而此前實施的鐵禁方式，至此相應也發生了一些改變，存在於北宋前期銀礦場以差派衙前經營的方式，也被移植到鐵礦場。仁宗在位期間，梁適曾「出知兗州。萊蕪冶鐵為民病，當役者率破產以償，適募人為

〔註70〕《續資治通鑒長編》卷44，咸平二年四月丙寅，第940頁。
〔註71〕（清）徐松輯：《宋會要輯稿》食貨五五之二二，中華書局影印本1957年版，第5759頁。
〔註72〕（宋）梁克家：《淳熙三山志》卷41《物產·鐵》，宋元方志叢刊本，第8冊，中華書局影印本1990年版，第8252頁。
〔註73〕《續資治通鑒長編》卷59，景德二年二月甲午，第1318頁。
〔註74〕《續資治通鑒長編》卷61，景德二年九月丙寅，第1367頁。

之，自是民不憂冶戶，而鐵歲溢」〔註75〕。可見，萊蕪礦冶此前以差役的方式承買於主戶，致使當役者破產以償。梁適改以將其承買於商人，致使當地百姓免受礦冶之害，此舉有效調動了承買者的積極性，從而使礦產品的數量明顯增長。再如，「淄州東冶，舊以衙前主之。冶久廢，州請均其課於諸縣。仁宗曰：『利出於冶，冶既廢矣，他縣力田之民何預，而使之輸耶？』命罷之」〔註76〕。淄州下轄四縣中，僅淄川縣的西山，「有鐵礦，古今鑄焉」〔註77〕，故「淄州東冶」當指此處鐵坑冶。這處記載也是鄉村主戶以差役的方式經營鐵冶的例證。

其實，私人承買鐵場這種礦冶經營方式，宋代前期即已產生，所謂「坑冶，國朝舊有之，官置場監，或民承買，以分數中賣於官」〔註78〕。仁宗朝以後，私人承買礦冶的現象漸致增多。上文所舉梁適出知兗州，改萊蕪鐵冶的差役為承買經營之事，即為一例。又如元豐元年（1078）十月，蘇軾奏稱：「（利國監）自古為鐵官，商賈所聚，其民富樂，凡三十六冶，冶戶皆大家，藏鏹巨萬……近者河北轉運使奏乞禁止利國監鐵不許入河北，朝廷從之。……東北二冶，皆為國興利，而奪彼與此，不已隘乎？自鐵不北行，冶戶皆有失業之憂，詣臣而訴者數矣。」〔註79〕有鑑於此，蘇軾建議取消利國監所產原鐵銷往河北的禁令，以解除冶戶的「失業之憂」。據此來看，該監冶戶此前應該是以承買的方式從事礦冶生產，在完成官府抽收的額度後，可以將自身擁有的產品份額投入市場，自由貿易。另有記載對此亦有顯示：元豐六年（1083）九月，京東都轉運使吳居厚奏：「本路徐、鄆、青三州都作院及諸州小作院，每歲製造諸般軍器及上供簡鐵之類，數目浩瀚。今將徐州利國監、兗州萊蕪監年計課鐵充使外，所少極多。欲乞將兩監鐵冶就逐處監官依邢、磁二州例，並從官中興扇，計其所得，比舊可多數倍」〔註80〕。據此可知，利國和萊蕪兩監此前均由礦冶戶承買經營，課鐵之外的產品則准許私人自由貿易。

〔註75〕《宋史》卷285《梁適傳》，第9623～9624頁。

〔註76〕（宋）曾鞏撰，王瑞來校證：《隆平集校證》卷3《愛民》，中華書局2012年版，第115頁。

〔註77〕（宋）樂史：《太平寰宇記》卷19《河南道一九·淄州》，中華書局點校本2007年版，第377頁。

〔註78〕《文獻通考》卷18《征榷五》，考一八〇。

〔註79〕（宋）蘇軾：《蘇軾文集》卷26《奏議·徐州上皇帝書》，中華書局點校本1986年版，第759頁。

〔註80〕《續資治通鑑長編》卷339，元豐六年九月，第8172頁。

承買制下的礦產品必須「中賣於官」，但上文所舉數例，並未清晰反映官府和承買者分配礦產品的份額，下述記載則對此有明確體現：在福建路福州長溪縣，「師姑洋坑平溪里，政和三年，佃戶歲二分抽收鐵七百斤，八分拘買二千八百斤」〔註81〕。可見，福州鐵坑冶實行的是「二八抽分制」，即在礦產品的分配上，坑冶戶二分，餘八分全部官賣。然而，這是官府對於定額鐵的處理，在此額度之外多餘的鐵，私人承買者可以自行出賣。史載即稱：「崇寧用事者，仰地寶為國計，檢踏開採，所致散漫。政和以來，鐵坑特多，至于今礦脈不絕，抽收購買立數之外，民得烹煉。」〔註82〕政和之後，鐵禁的尺度屢有變化，而坑冶開發之後，經常毀壞民田，加之承買的額度過高，有的坑冶原來有礦，數年開掘之後，如今已無礦可採，但承買額並未消除，所以，「欽宗即位，詔悉罷之」〔註83〕。

需要指出的是，以上所述是北宋中葉前後徵收農具稅時期鐵禁的大致情況，但在不同階段的不同地區，鐵禁的實施程度，其實又有不小差別。如前述元豐六年（1083）吳居厚的上奏被採納後，京東路曾實行約兩年的全面禁榷政策，由政府全面把持原鐵的生產和貿易，並於次年在徐州設置寶豐下監鑄造鐵錢。但利國監和萊蕪監兩處坑冶實行官營，壟斷鐵器的營銷，嚴重侵害了坑冶戶的利益，以致後者群情激憤，並計劃以極端方式對付吳居厚。即如史載：「元豐末，京東劇寇數千，欲取掊克吏吳居厚投之鐵冶中，賴居厚覺早，間道遁去。」〔註84〕因遭到朝野上下的一致反對，元豐八年（1085）四月，吳居厚被降知廬州，五月，罷寶豐下監。〔註85〕隨後不久，萊蕪、利國兩監即取消官營，大概又恢復到坑冶戶承買制的老路上。

哲宗紹聖（1094～1098）、元符（1098～1100）年間，農具稅並未取消，而針對「息薄而煩官監」的小礦場，宋廷下令由官府立課額，「許民封狀承買」〔註86〕，可知鐵冶並未全部實行官營。徽宗在位期間，由於「御府之用日廣，東南錢額不敷」，作為國家財政支柱業之一的銅錢鑄造業，面臨原料不足的難題，為保證和擴大膽水浸銅的生產，對鐵的需求量驟然增大，榷鐵

〔註81〕《淳熙三山志》卷14《版籍五·爐戶》，第7903頁。
〔註82〕《淳熙三山志》卷14《版籍五·爐戶》，第7905頁。
〔註83〕《宋史》卷185《食貨志下七·坑冶》，第4531頁。
〔註84〕《續資治通鑑長編》卷354，元豐八年四月，第8470頁。
〔註85〕《續資治通鑑長編》卷356，元豐八年五月，第8525頁。
〔註86〕《宋史》卷185《食貨志下七·坑冶》，第4527頁。

政策遂在全國各地得到推行。大觀初年（1107～1110），入內皇城使裴洵奏上渭州通判苗沖淑之言，謂「石河鐵冶既令民自採煉，中賣於官，請禁民私相貿易。農具、器用之類，悉官為鑄造，其冶坊已成之物，皆以輸官而償其直」，於是徽宗下令，「禁毋得私相貿易，農具、器用勿禁，官自賣鐵唯許鑄瀉戶市之」〔註87〕。政和八年（1118），「令諸路倣茶鹽法榷鬻，置爐冶收鐵，給引召人通市。苗脈微者聽民出息承買，以所收中賣於官，私相貿易者禁之」〔註88〕。這是全面榷鐵的信號，其目的在於攫取鐵利，其間涉及鐵礦經營和官府獲利的兩種方式：一是「官置爐冶」，即由官府經營鐵礦，出售鐵引，吸引商人購買官營鐵產品，並在指定區域出售；一是礦藏量不多的坑冶，以買撲的方式召人承買，礦冶戶將所有礦產品出賣給官府，嚴禁私自貿易。通過上述兩種方式，宋政府希望壟斷鐵產品，擴大鐵的專賣收入。

伴隨北宋末年鐵禁的全面鋪開，政府實現了對鐵的完全壟斷，獨佔其利。但問題是，在此大背景下，宋廷倘若依然徵收本來包含稅鐵性質的農具稅，實際上是政府重複佔有鐵利，而這顯然有違法理，屬於稅上起稅。因此，在北宋末年全面啟動榷鐵的形勢下，農具稅已然喪失徵收的根據和基礎，被正式取消已是大勢所趨。進入南宋，高宗紹興八年（1138）明令蠲除農具稅，鐵禁措施則愈益趨緊。其原因在於南宋朝廷偏安一隅，礦冶數量較之北宋大幅銳減，對鐵的需求卻依然旺盛，故而終南宋之世，一直實施全面的鐵禁政策，政府嚴格控制礦冶生產和原鐵、鐵產品的買賣，但其實際效果正如馬端臨所言：

> 夫以天地之間，顯畀坑冶，而屬吏貪殘，積成蠹弊。諸處檢踏官吏大為民殃，有力之家悉務辭遜，遂至坑源廢絕，礦條湮閉。間有出備工本，為官開浚，元佃之家方施工用財，未享其利，而嘩徒誣脅，甚至黥配估籍，冤無所訴，此坑冶所以失陷也。〔註89〕

因農具稅至南宋初期確已戛然而止，圍繞此一中心而展開的有關榷鐵的討論，也有就此收束的必要，至於南宋中後期鐵禁的演變情況，顯然已不在本題範圍之內。

〔註87〕《宋史》卷185《食貨志下七‧坑冶》，第4529頁。
〔註88〕《宋史》卷185《食貨志下七‧坑冶》，第4529頁。
〔註89〕《文獻通考》卷18《征榷五‧坑冶》，考一八一。

四、結語

綜上所述，起徵於後唐明宗時期的農具稅，實際上是一種田稅附加稅，其後以迄南宋初年，農具稅長期存而不廢。就其產生的直接根源而論，乃在於彌補供軍、養軍的財政不足，而在官營鐵冶無法保證鐵利收入的總體情況下，對鐵製農器徵收一定數量的稅錢，自然能給予長期虧空的財政以有力補充。正因如此，農具稅的興廢，相當程度上與此特定歷史階段鐵禁的前後變遷，存在密切關聯。從制度設計的層面而言，農具稅的徵收以放開鐵禁為前提，但無論是五代還是兩宋時期，鐵禁開放的尺度都相對有限，在絕大部分時段，鐵礦的開採、生鐵的冶煉與貿易以及鑄錢、兵器的製作，仍然完全由政府主持，而將民間力量排除在外；政府所讓渡的只是允許民間自行購買生鐵鑄造農具等生產生活用品和自由買賣的權利，但後者付出的代價，則是每年於夏秋二季按照每畝一文五分的標準，輸納農具稅，其強制性加徵的特點盡顯無遺。入宋之後，儘管鐵冶的經營方式在官置場監之外，逐漸採用差役制和承買制，但無論形式如何變換，政府攫取鐵利的目的始終貫穿其間，而其所獲之鐵利顯然與北宋長期沿徵的農具稅有重複之嫌，因此徵收農具稅實屬稅上起稅、利上加利的擾民之舉。伴隨兩宋之交榷鐵的全面化，以保證鐵利收入為基本目的農具稅，不復存在徵收的根據和空間，故南宋初年存在兩百餘年的農具稅終告消亡，且不復再現。而五代兩宋農具稅從起徵到廢止的歷程，也在一定程度上反映了歷史時期田稅附加稅演變的趨勢和規律，對於類似稅種的分析自然多少有些借鑒意義。

原載於曾育榮、劉廣豐主編：《張其凡先生紀念文集》，長江出版社 2019 年版

王禹偁史學發微

　　王禹偁（954～1001）係宋初政治改革思潮的先驅與復興古文的旗手，歷來是研究北宋太祖、太宗、真宗三朝政事與文學相關問題無法繞開的人物，亦由此形成眾多成果，詳情參見田宏瑞、祝令甫的兩篇綜述。〔註1〕潘守皎、李善奎的《王禹偁評傳》，則以人物生平為主線，系統反映了傳主在仕宦、文學、思想諸方面的成就與特徵。〔註2〕事實上，在此之外，其在史學方面亦有精深造詣，曾撰寫出為數不少的史著與史論。因而 20 世紀 70 年代末，徐規先生即已指出，禹偁是一名「據實直書、不畏時忌的史家」〔註3〕，可謂其時直道著史的代表。不過，在宋初複雜、敏感的政治氛圍之下，史學以循默因襲、諱言時忌為主流，而王禹偁直筆著史的史學風格，明顯與之有所不同。兩者的不相對應本身就足以引人深思，對此的解讀又無疑有益於今人進一步理解宋初政治與史學的密切關聯，並為考察北宋中葉之後史學風氣的丕變提供比照與新的思考。

　　勿庸諱言，學界前賢曾從不同角度涉及該論題的某些方面。如顧宏義先生考證《建隆遺事》係王禹偁所撰，其內容具有較高史料價值；〔註4〕謝貴

〔註1〕 參見田宏瑞：《王禹偁研究綜述》，《河北工程大學學報》2007 年第 1 期；祝令甫：《20 世紀 80 年代後王禹偁研究綜述》，《青年文學家》2010 年第 1 期。
〔註2〕 參見潘守皎：《王禹偁評傳》，齊魯書社 2009 年版；李善奎：《王禹偁評傳》，中國社會出版社 2014 年版。
〔註3〕 徐規：《王禹偁事蹟著作編年》，商務印書館 2003 年版，第 1、9 頁。
〔註4〕 顧宏義：《建隆遺事考──兼論宋初「金匱之盟」之真偽》，《中華文史論叢》2009 年第 3 期。

安先生詳細梳理了王禹偁修纂《太祖實錄》《建隆遺事》的事實。〔註5〕此類成果對於今人認識王禹偁的史著和史學活動，大有裨益，惜乎有欠全面，尚不足以揭示王禹偁史學活動的總體面貌及特徵，似仍有補充的必要。職此之故，在該項研究迄今仍然缺乏專題論著予以集中闡發的情形下，本文擬圍繞史學實踐與著述、直書實錄精神為特色的史學思想等問題稍加剖析，冀望形成對王禹偁之史學成就的客觀認識，以期有助於宋初史學的系統深入研究。

一、豐富的史學實踐與多樣的歷史撰述

太平興國八年（983），王禹偁進士及第，自此踏入仕途。由於文采出眾，深得太宗賞識，端拱元年（988）正月即拜右拾遺、直史館。當年春天，王禹偁與夏侯嘉正、羅處約、杜鎬表請同校「三史」書，多所釐正。〔註6〕稍後，王禹偁還奉命與散騎常侍徐鉉、太常少卿孔承恭校正《道藏經》寫本。〔註7〕禹偁任直史館至次年三月即告結束，雖然為時甚短，但卻因此獲得接觸前代史籍與近代人物記載的難得機會，並深受前賢事蹟感染。如其自述：「僕直東觀時，閱《五代史》，見近朝名賢立功立事者聳慕不已。」〔註8〕這段經歷為嗣後其在宦海沉浮中，廣泛參與史學實踐活動積累了寶貴的經驗，也為從事歷史撰述奠定了較為堅實的史料基礎。扼要而論，王禹偁代表性的史學活動表現為下述四個方面。

1. 修撰日曆

端拱元年（988）冬，王禹偁以直史館上書宰相、監修國史呂蒙正，其中提到，「某累日前以久不修（日曆），謁求相府。相公以某館中諸生，召坐與語。某竊不自料，遂以書《日曆》為請」〔註9〕。結果王禹偁完成了當年《日曆》的春季部分，所謂「端拱元年春季日曆，是臣編修」〔註10〕。由於宋代日曆是憑據時政記、起居注及諸司文字、臣僚墓銘行狀等材料，會集修撰而

〔註5〕 謝貴安：《宋實錄研究》，上海古籍出版社 2013 年版，第 26、123 頁。

〔註6〕 （元）脫脫等：《宋史》卷 293《王禹偁傳》，中華書局 1985 年版，第 9794 頁。

〔註7〕 （宋）李燾：《續資治通覽長編》卷 86，大中祥符九年三月己酉，中華書局點校本 2004 年版，第 1975 頁。

〔註8〕 （宋）王禹偁：《王黃州小畜集》卷 4《懷賢詩》，四部叢刊初編本，第 133 冊，上海書店影印本 1989 年版。

〔註9〕 《王黃州小畜集》卷 18《上史館呂相公書》。

〔註10〕 《王黃州小畜集》卷 22《請撰大行皇帝實錄表》。

成、反映一代史事的資料彙編，為實錄諸書的撰寫提供直接的材料來源，在整個官方修史活動中佔據重要地位。因此，王禹偁修撰日曆的切身體驗，客觀上有助於其從事實錄的編修。

2. 預修《太祖實錄》

至道三年（997）三月，太宗崩，真宗即位。當年十月，王禹偁建議撰寫《太宗實錄》，上表云：「宜撰大行皇帝實錄，垂之不朽。……今陵寢有日，論撰是資。倘得措一辭於帝典之中，署一名於國史之後，臣雖死之日，如生之時。」〔註11〕希望有幸成為編修《太宗實錄》的成員之一。次月，真宗詔修《太宗實錄》，禹偁不在其列，參與編修《太宗實錄》的願望落空。

儘管未能修撰《太宗實錄》，但次年王禹偁即接受《太祖實錄》的預修任務，並小有所成。鑒於沈倫所修《太祖實錄》事多漏略，咸平元年（998）九月，真宗下詔重修，王禹偁與李宗諤、梁顥、趙安仁等人奉旨同修。而在修纂過程中，因「禹偁直書其事，執政以禹偁為輕重其間，出知黃州」〔註12〕。其後，禹偁追述此事云：「自後忝預史臣，同修《實錄》。晝夜不捨，寢食殆忘。已盡建隆四年，見成一十七卷。雖然未經進御，自謂小有可觀。」〔註13〕次年六月，《重修太祖實錄》五十卷成書。因王禹偁曾預修，特授朝請大夫。其謝表有云：「爰詔近臣再編茂實，臣叨膺是選，尤愧非才。……臣討論遺事，潤色舊文，始則合秦趙世家，得國姓之根本。考唐杜氏族，見太后之源流。凡所改更，皆有按據。庶彰帝業，以副天心。」〔註14〕可見，王禹偁在這次重修《太祖實錄》的活動中的確有所貢獻。

3. 編撰《建隆遺事》

《建隆遺事》又稱《篋中記》，宋人邵伯溫嘗道：「（王禹偁）所著《建隆遺事》，一曰《篋中記》，自敘甚秘，蓋曰：『吾太祖皇帝諸生也，一代之事皆目所見者，考於國史或有不同。」〔註15〕南宋晁公武亦謂：「淳化中，王禹偁作《篋中記》，敘云：『太祖神聖文武，曠世無倫，自受命之後，功德日新，皆禹偁所聞見。今為史臣，多有諱忌而不書，又上（引者注：指太宗）近取實錄

〔註11〕《王黃州小畜集》卷22《請撰大行皇帝實錄表》。
〔註12〕（宋）王稱：《東都事略》卷39《王禹偁傳》，《二十五別史》，第19冊，齊魯書社點校本2000年版，第313頁。
〔註13〕《王黃州小畜集》卷22《黃州謝上表》。
〔註14〕《王黃州小畜集》卷22《謝加朝請大夫表》。
〔註15〕（宋）邵伯溫：《邵氏聞見錄》卷7，中華書局點校本1983年版，第64頁。

入禁中，親筆削之。禹偁恐歲月寖久，遺落不傳，因編次十餘事。』」〔註16〕

這部史著共記有關太祖的十三條遺事，由於內容涉及宋初政治忌諱之處頗多，與國史、實錄等官方記載迥然有異，故自孝宗朝始，李燾《建隆遺事辨》與王明清《揮麈錄·前錄》即從史實、文辭等方面考辨，明確指出其書係託名王禹偁所撰。今有學者在對該書內容、著者及史料價值逐一予以分析後，認為該書確係王禹偁所撰，並非他人偽託之作，而且具有極其重要的史料價值。〔註17〕此說近實，當可信從。

4. 私撰《五代史闕文》

咸平二年（999）三月，王禹偁出知黃州，任職期間撰有《五代史闕文》。〔註18〕該書自序稱：「臣讀《五代史》總三百六十卷，記五十三年行事，其書固亦多矣。然自梁至周君臣事蹟，傳於人口而不載史筆者，往往有之，或史氏避諱，或簡牘漏略，不有紀述，漸成泯滅……因補一十七篇，集為一卷，皆聞於耆舊者也。」此書僅一卷，凡十七事，包括梁史三事，後唐史七事，晉史一事，漢史二事，周史四事。關於該書的史料價值，清人王士禛《香祖筆記》嘗道：

> 王元之《五代史闕文》，僅一卷，而辯證精嚴，足正史官之謬。如辨司空圖「清直大節」一段，尤萬古公論所繫，非眇小也。如敍莊宗「三矢告廟」一段，文字淋漓盡致，足為武皇父子寫生。歐陽《五代史·伶官傳》全用之，遂成絕調。惟以張全義為亂世賊臣，深合《春秋》之義，而歐陽不取，於《全義傳》略無貶詞，蓋即舊史以成文耳，終當以元之為定論也。〔註19〕

四庫館臣亦有如下評價：

> 今考《五代史》，於朱全昱、張承業、王淑妃、許王從益、周世宗、符皇后諸條，亦多採此書。而《新唐書·司空圖傳》即全據禹

〔註16〕（宋）晁公武撰，孫猛校證：《郡齋讀書志校證》卷6《太祖實錄五十卷》，上海古籍出版社1990年版，第226頁。
〔註17〕顧宏義：《王禹偁〈建隆遺事〉考——兼論宋初「金匱之盟」之真偽》，《中華文史論叢》2009年第3期。
〔註18〕曾育榮：《五代史闕文管窺》，拙編《張其凡教授榮休紀念文集》，華中師範大學出版社2014年版。
〔註19〕（清）王士禛：《香祖筆記》卷4，上海古籍出版社點校本1982年版，第81～82頁。

偁之說，則雖篇帙寥寥，當時固以信史視之矣。〔註20〕

緣於所載史實客觀真實，是以該書有「信史」之稱。〔註21〕以上史學活動形成的各種歷史撰著，僅《五代史闕文》傳承至今，其餘皆已散佚不存。除此之外，王禹偁還曾撰寫過許多誌狀碑銘。此類封賞哀悼之類的文字，實質上又是事主的小傳，主要反映人物的生平事蹟。王禹偁撰寫碑文的對象較為廣泛，既包括朝廷要員及其親屬，又有位在下僚的一般官吏，其內容能在較大範圍內反映宋初社會的現實情形。初步統計，僅《小畜集》中此類文字就有14篇之多。並且，王禹偁也曾撰寫過一些史論，《小畜集》卷十五、《小畜外集》卷十九載有14篇史論，主要涉及的是歷史人物、事件與制度的探討。而禹偁為僧贊寧文集所寫序，〔註22〕則為清代史家吳任臣《十國春秋》卷八十九《僧贊寧傳》取材，這也從側面反映出禹偁的歷史撰著，在保存史料方面的確有可取之處。

通常來說，史家之史學，包括史學實踐與史學思想兩個層面。前者的廣度與深度，往往決定後者的高度與力度；後者又是前者的產物，是對前者的理性總結與抽象反思。史學實踐的直接結果，表現為各種形式的歷史撰著。以上豐富的史學實踐活動，為王禹偁史學思想的形成提供了活水源頭，而其史學思想又在題材多樣、形式各異、性質有別的歷史撰著，乃至詩文、奏疏中都有不自覺的流露。

二、秉筆直書，不避強禦的著史主張

王禹偁的史學思想較為龐雜，舉凡天人關係、古今關係、民族關係、鑒戒意識以及直筆、褒貶等中國傳統史學發展進程中的重要命題，幾乎都曾為其論及。儘管在此基礎上構築的體系，尚欠完整嚴密，且不可避免地烙有傳統社會時期的明顯印記，甚至屢有自相矛盾之處，但其間仍不乏真知灼見。而在史學思想的上述諸多構件中，最能彰顯王禹偁史學個性色彩的部分，當屬根植於躬行直道的思想內核，而生發出的直書實錄精神。不過，禹偁所高揚的秉筆直書的史學風格，卻與宋初史壇因循緘默的主流風尚大異其趣，這

〔註20〕（清）永瑢等：《四庫全書總目》卷51《史部七·雜史類》，中華書局影印本1965年版，第464頁。

〔註21〕參見拙文：《〈五代史闕文〉管窺》，拙編《張其凡教授榮休紀念文集》，華中師範大學出版社2014年版。

〔註22〕《王黃州小畜集》卷20《左街僧錄通惠大師文集序》。

在其時波瀾不驚的史學領域內掀，多少顯得有些另類和突兀。

王禹偁「賦性剛直，不能容物」〔註23〕，如其自謂：「某褊狷剛直，為眾所知，雖強損之，未能盡去。」〔註24〕其一生仕途多舛，屢遭貶謫，即與此不無關係。禹偁自身對此即有清醒認識：「又謂吾之去職，由高亢剛直者，夫剛直之名，吾誠有之，蓋嫉惡過當而賢不肖太分，亦天性然也。而又齒少氣銳，勇于立事。」〔註25〕然而即便政治上鬱鬱不得志，他仍不改初衷，所謂「屈於身兮不屈其道，任百謫而何虧！吾當守正直兮佩仁義，期終身以行之」〔註26〕。其孜孜以求，至死捍衛的「道」，實質上就是儒家的內聖外王之道，其詩即道：「吾生非不辰，吾志復不卑。致君望堯舜，學業根孔姬。」〔註27〕「報國惟直道，謀身昧周防」〔註28〕。「人生唯問道何如，得喪升沉總是虛」〔註29〕。又曾說：「古君子之為學也，不在乎祿位而在乎道義而已。用之則從政而惠民，捨之則修身而垂教，死而後已，弗知其他」〔註30〕。「位非其人，誘之以利而不往。事非合道，逼之以死而不隨。」〔註31〕可見，受根深蒂固的儒家理想的主導，王禹偁終生的志向是踐行歷代聖賢倡導的「道」或曰「道義」。

應當看到的是，儒家學說的「道」或曰「道義」的弘揚與踐履，服從於「禮治」「德治」和「人治」的基本原則，恪守君君、臣臣、父父、子子的等級秩序，強調忠君的絕對正確和主導地位，並將之視為傳統社會所有倫理關係的起點。「忠」的實現以正直為前提，《呂氏春秋·孝行》即稱：「忠，正也。」《鹽鐵論·刺議》也有「以正輔人謂之忠」的說法。質言之，「忠」「正」二位一體，兩者實際不可分割。而在王禹偁二十年的宦海生涯中，其一貫奉行「用直道以事君」〔註32〕的理念，對於宋太宗、真宗的感戴之情刻骨銘心。〔註33〕

〔註23〕《續資治通鑑長編》卷34，太宗淳化四年八月，第752頁

〔註24〕《王黃州小畜集》卷18《答晁禮丞書》。

〔註25〕《王黃州小畜集》卷18《答丁謂書》。

〔註26〕《王黃州小畜集》卷1《三黜賦》。

〔註27〕《王黃州小畜集》卷3《吾志》。

〔註28〕《王黃州小畜集》卷5《聞鴞》。

〔註29〕（宋）王禹偁：《王黃州小畜外集》卷7《放言詩》，四部叢刊初編本，第133冊，上海書店影印本1989年版。

〔註30〕《王黃州小畜集》卷19《送譚堯叟序》。

〔註31〕《王黃州小畜集》卷21《滁州謝上表》。

〔註32〕《王黃州小畜集》卷25《謝除翰林學士啟》。

〔註33〕潘守皎：《王禹偁與宋太宗、真宗的舊知新怨》，《齊魯學刊》2011年第5期。

即便「直道逆君耳，斥逐投天涯」〔註34〕，仍然矢志不渝地忠於君王。正因如此，蘇軾對其有「雄文直道，獨立當世」〔註35〕的讚譽，史臣有「直躬行道為己任」〔註36〕的評價。

王禹偁政治上的「直道」，表現為「遇事敢言，喜臧否人物」〔註37〕。這種政治秉性也明顯影響及於他的撰史態度，此即崇尚直筆精神。其實，中唐史家劉知幾所說「抗詞正筆，務存直道」〔註38〕，「雖直道不足，而名教存焉」〔註39〕中的「直道」，被賦予的就是「直書」之義，儘管前者偏重於史家品質的正直，後者強調的史家著述態度的客觀，但兩者並無本質不同。藉此而論，禹偁政治上的「直道」與史學上的「直書」，似可等量齊觀。

早在先秦時期即為優秀史家信守的直書原則，代有傳承，嗣響不絕。王禹偁深受這種古老優良傳統的影響，並奉之為圭臬。端拱元年（998）正月，其以大理評事除右拾遺、直史館之後，即明確表達撰述史著的直筆主張：「彰善惡於史書，宜歸直筆。」並且務求「編修出綷之言，垂於信史」〔註40〕。王禹偁的直書實錄精神，在私撰《建隆遺事》與預修《太祖實錄》這兩部當代史中，體現得尤為典型。

先看《建隆遺事》的相關情況。此書已佚，但從現存宋人著作引述其中文字來看，該書共記有太祖的十三條遺事、軼聞，今日尚可知其中十一條之內容，分別為太祖酷好看書；太祖陳橋驛誡約諸將；杜太后度量恢廓、有才智；太祖節儉、放宮人；太祖議遷都於洛；太祖不受內臣所媚；太祖仁信待錢俶；太祖命曹彬、潘美、曹翰收江南；寢殿梁損；金匱之盟；太祖駕崩前夕召見宰相。其間涉及宋初陳橋兵變與金匱之盟兩大政治疑案，時人對二者莫不三緘其口。正是鑒於史臣多有諱忌，王禹偁擔心相關事實失傳，故而編次此書。然而，由於該書所載兩大政治疑案的內容，與宋代官修史書多有異同，且與宋代其他記載也互有出入，故自南宋以來，世人關於此書內容的真偽、

〔註34〕 《王黃州小畜集》卷6《橄欖》。
〔註35〕 （宋）蘇軾：《蘇軾文集》卷21《王元之畫像贊并敍》，中華書局點校本1986年版，第603頁。
〔註36〕 《宋史》卷293《王禹偁傳》，第9799頁。
〔註37〕 《宋史》卷293《王禹偁傳》，第9799頁。
〔註38〕 （唐）劉知幾撰，（清）浦起龍通釋：《史通通釋》卷6《內篇·言語第二十》，上海古籍出版社2009年版，第141頁。
〔註39〕 《史通通釋》卷6《內篇·曲筆第二十五》，第183頁。
〔註40〕 《王黃州小畜集》卷25《謝除右拾遺直史館啟》。

撰者等長期說法不一，或徑稱其為後人託名王禹偁之偽書。

實際上，此書所載太祖一朝政治、宮禁權力之爭諸事，可與宋代其他記載相互印證，大多真實可靠。今有學者逐一對上述十一則記事有所考證，其結論是：「太祖酷好看書」條，與《續資治通鑑長編》（以下簡稱《長編》）卷七「乾德四年五月乙亥」條記事相合，僅個別文字稍異；「太祖陳橋驛誡約諸將」條，與《涑水記聞》卷一、張舜民《畫墁錄》、《丁晉公談錄》以及《太祖舊錄》記述一致；「杜太后杜量恢廓、有才智」條，前者見於《長編》卷七「乾德四年五月乙亥」條，後者見於《涑水記聞》卷一；「太祖議遷都於洛」條，為《長編》卷十七「開寶九年四月癸卯」條直接引錄；「太祖不受內臣所媚」條，《東都事略‧宦者傳序》據以刪改，南宋光宗時劉光祖所獻《聖範》十引錄之；「太祖仁信待錢俶」條，與《長編》卷十七「開寶九年三月庚午」條大致相同，《宋史‧太祖紀》亦有記述；「太祖命曹彬、潘美、曹翰收江南」條，所載與史實稍有出入，但此說在宋代流傳甚廣，不獨《建隆遺事》有誤；「寢殿梁損」條，據《齊東野語》卷一〈梓人掄材〉所載嘉祐、元豐間救書仍重申太祖此意，可知所記不虛。至於「金匱之盟」與「太祖駕崩前夕召見宰相」條，則分見於《長編》卷二、卷十七、卷二十二之注文和卷十七，由於此兩條記事存在謬誤、顛錯，乃至被後人作為《建隆遺事》係偽書的主要依據。客觀而論，因此二事直接牽涉宋初政治疑案，情況頗為複雜，故即使其間內容頗有「顛錯」，但參以宋代其他記載，可知並非無稽之談，也絕非空穴來風的誣謗之詞。〔註41〕據以上例證可知，該書所載內容大多真實可靠，是研究宋初政治的重要史料。而該書的失傳，應當是其有違皇家意志的必然結果，不過卻也從中透露出禹偁實錄當代史事的客觀態度。

再看禹偁預修《太祖實錄》的情況。《太祖實錄》在宋初凡四修。該書首次撰成於太平興國五年（980）九月，但太宗甚為不滿，並語宰相曰：「太祖朝事，耳目相接，今《實錄》中頗有漏略，可集史官重撰。」又言：「太祖受命之際，固非謀慮所及。……太祖盡力周室，中外所知，及登大寶，非有意也。當時本末，史官所記殊闕然，宜令（李）至等別加綴輯」。〔註42〕細加揣測，可知太宗之所以下令重修《太祖實錄》，無非是由於事涉太祖趁後周「主少國

〔註41〕顧宏義：《王禹偁〈建隆遺事〉考——兼論宋初「金匱之盟」之真偽》，《中華文史論叢》2009 年第 3 期。

〔註42〕《續資治通鑑長編》卷 35，淳化五年四月癸未，第 777 頁。

疑」，以預謀已久的陳橋兵變方式篡奪政權，初次預修的史臣畏於時忌，有意闕載相關內容，故而「所記闕然」。出於維護政權合法性的目的，太宗希望《實錄》能反映「太祖盡力周室」，「及登大寶，非有意」的「事實」。但二修並未成書。禹偁參與的是第三次修撰。其時正值宰相張齊賢、李沆之間關係不睦，以為禹偁「輕重其間」，遂至「忽坐流言，不容絕筆」〔註43〕。有史籍即稱：「修《太祖實錄》，與宰相論不合，又以謗訕知黃州。」〔註44〕另有史籍亦載：「王元之謫黃州，實由宰相不悅。」〔註45〕但更為真實的原因，恐怕在於「修《太祖實錄》，禹偁直書其事」，故而「執政以禹偁為輕重其間，出知黃州」〔註46〕。聯繫其所修《實錄》部分係太祖開國至建隆四年（963）之間的內容來看，其時史臣諱莫如深的宋初疑案，有分別發生於建隆元年的陳橋兵變，和建隆二年的「金匱之盟」。所謂「禹偁直書其事」，「丹筆方肆直，皇情已見疑」〔註47〕，或許多少與此有關，〔註48〕否則斷不至於引起真宗震怒，以致咸平元年（998）十二月二十九日（歲除日）罷免禹偁知制誥一職，並出知黃州。而這恰恰又是禹偁直書當朝史實的又一有力例證。

三、記功司過，揚善抑惡的經世理念

史家的直筆必然導致史書內容上的褒貶。直書實錄的可貴之處在於，「不掩其瑕」，能使「賊臣逆子，淫君亂主」之「穢跡彰於一朝，惡名被於千載」〔註49〕，因而其本身就已具有明顯的善惡取向。而史家以道德教化為目的的對歷史人物的懲惡勸善，又是傳統時期中國史學發揮社會功用的突出表現，即如《尚書‧畢命》所言：「彰善癉惡，樹之風聲。」王禹偁同樣重視歷史人物和事件的評價，並以良史自期，將抑惡揚善作為基本價值尺度，所謂「步驟依班馬」，「史才愧班固」〔註50〕「褒貶無一詞，豈得為良史」〔註51〕。關

〔註43〕《王黃州小畜集》卷22《黃州謝上表》。
〔註44〕（宋）邵伯溫：《邵氏聞見錄》卷7，中華書局點校本1983年版，第64頁。
〔註45〕（宋）王闢之：《澠水燕談錄》卷7《歌詠》，中華書局點校本1981年版，第84頁。
〔註46〕《東都事略》卷39《王禹偁傳》，第313頁。
〔註47〕《王黃州小畜集》卷3《吾志》。
〔註48〕蔣復璁：《宋太祖實錄纂修考》，載氏著《宋史新探》，臺灣正中書局1966年版，第68～69頁。
〔註49〕《史通通釋》卷6《內篇‧直書第二十四》，第179頁。
〔註50〕《王黃州小畜集》卷8《謫居感事》。
〔註51〕《王黃州小畜集》卷4《對雪》。

於史學發揮社會作用的途徑，禹偁曾有詩云：「西山薇蕨蜀山銅，可見夷齊與鄧通。佞倖聖賢俱餓死，若無史筆等頭空。」〔註52〕依靠史家之著述，聖賢伯夷、叔齊與佞倖鄧通之或善或惡，方能給予後人以啟迪與借鑒，此處涉及的其實就是史學如何體現其價值的方式。具體來看，禹偁經世史學的理念有如下表現。

首先是對於近代事件的評價，明顯有異陳說。雍熙二年（985），王禹偁知長州期間，結合自身所瞭解的情況，對舊史溢美吳越錢氏的記載提出質疑，指出錢氏在享國近百年的過程中，實則「以琛贐為名而肆煩苛之政，邀勤王之譽而殘民自奉者久矣」〔註53〕。而從《新五代史》的有關記載來看，吳越重斂虐民的現象的確存在，歐陽修即曾指出：

> 錢氏兼有兩浙幾百年，其人比諸國號為怯弱，而俗喜淫侈，偷生工巧，自（錢）鏐世常重斂其民以事奢僭，下至雞魚卵鷇，必家至而日取。每笞一人以責其負，則諸案史各持其簿列于廷，凡一簿所負，唱其多少，量為笞數，以次唱而笞之，少者猶積數十，多者至笞百餘，人尤不勝其苦。〔註54〕

可見，王禹偁之說不為無據，也更加切合歷史的真相。而這種對於客觀事實的考訂，無疑有利於時人如實評價吳越的統治，正確認識該政權的善惡與否。

其次是關於近代人物的評價，不落前人窠臼。如歷仕唐、後梁、後唐的張全義，在前代史家看來，其「樸厚大度，敦本務實，起戰士而忘功名，尊儒業而樂善道。家非士族，而獎愛衣冠，開幕府辟士，必求望實。屬邑補奏，不任吏人。位極王公，不衣羅綺。心奉釋、老，而不溺左道。如是數者，人以為難」，至於「凡百姓有詞訟，以先訴者為得理，以是人多枉濫，為時所非。又嘗怒河南縣令羅貫，因憑劉后譖於莊宗，俾貫非罪而死，露屍於府門，冤枉之聲，聞於遠近」，則是「良玉之微瑕」〔註55〕。對於以上說法，王禹偁並不認同，如其所稱：「全義……託跡朱梁，斫喪唐室，雖勤勸課，其實斂民附賊，以固恩寵。梁時，月進鎧馬，以補軍實。及梁祖為友珪所弒，首進錢一百萬，

〔註52〕《王黃州小畜集》卷8《讀史記列傳》。

〔註53〕《王黃州小畜集》卷18《上許殿丞論榷酒書》。

〔註54〕（宋）歐陽修：《新五代史》卷67《吳越世家》，中華書局點校本1974年版，第843頁。

〔註55〕（宋）薛居正：《舊五代史》卷63《張全義傳》，中華書局點校本1976年版，第842～843頁。

以助山陵。莊宗平中原，全義合與敬翔、李振等族誅，又通賂與劉皇后，乘莊宗幸洛，言臣已有郊天費用。夫全義匹夫也，豈能自殖財賦，其剋下奉上也如此。……其附勢作威也又如此。蓋亂世之賊耳。……臣讀《莊宗實錄》，見史官敘《全義傳》，虛美尤甚。至今負俗無識之士，尚以全義為名臣，故因補闕文，粗論事蹟云。」〔註56〕從上述所列史實來看，張全義實乃「亂世之賊」。這種看法與此前史官的「虛美尤甚」大相徑庭，卻如實地揭示出張全義之善行不足以掩蓋其為惡的本質。

最後是關於當代人物的評判，敢於直抒己見。淳化三年（992）五月，左千牛衛上將軍曹翰卒。國史雖然記載其攻陷金陵時，「屠城無噍類，殺兵八百」，「在郡歲久，征斂苛酷」，但史臣仍稱其「好謀善戰，輕財好施，所至立功」〔註57〕。史臣所論與曹翰事蹟明顯有所出入。而王禹偁在詩作中，對於曹翰平生所作所為卻有更為細緻的描繪：「所在肆貪殘，乘時恃勳伐。皇家平金陵，九江聚遺孽。彌年城乃陷，不使雞犬活，老小數千人，一怒盡流血。」〔註58〕然而正是這位貪殘暴虐，視人命如草芥的魯莽武夫，由於屠城之功竟以富貴壽考終，「晚年得執金，富貴居朝闕。娛樂有清商，康強無白髮。享年六十九，固不為夭折。……子孫十數人，解佩就衰絰。贈典頗優崇，視朝為之輟」〔註59〕。兩相比照，人們對於曹翰的瞭解無疑會更為全面，評價自然趨於公允。而禹偁不避事主子孫尋仇、報復的風險，直陳其事的做法，在其時的史家中更是難得一見。不過，對當世人物的善惡評價，無形之中會在政壇上樹敵，從而導致仕途上的打擊、排斥，亦如史載：「禹偁辭章敏贍，喜談世事，臧否人物以正自持，故屢擯斥。」〔註60〕

四、倡言時政，心繫社稷的憂患情懷

史家史學風格的形成，相當程度上取決於其對現實問題的理性思索。史家史學思想的特質，亦因此往往取決於史家個體的現實情懷。與史學著述的直筆原則一致，王禹偁一向不計個人榮辱，敢於指陳時政得失，是以在

〔註56〕（宋）王禹偁：《五代史闕文》，五代史書彙編本，第 4 冊，杭州出版社點校本 2004 年版，第 2454 頁。

〔註57〕《宋史》卷 260《曹翰傳》，第 9014、9015、9028 頁。

〔註58〕《王黃州小畜集》卷 4《金吾》。

〔註59〕《王黃州小畜集》卷 4《金吾》。

〔註60〕《東都事略》卷 39《王禹偁傳》，第 313 頁。

宋初政壇與田錫並享「直臣」之譽，所謂「錫、禹偁，真天下正直之士哉」
〔註61〕。而王禹偁倡言時事的耿直作風，實則淵源於其對家國命運和社稷
前途的深層憂慮。這種憂患意識進一步激發出的以天下為己任的宏大抱負，
又愈加堅定了王禹偁以「匡躬之士奮命而言」〔註62〕的信念，從而與直筆
著史的主張若合符契。

實際上，宋代自太宗時期伊始，積貧積弱之勢已萌。有鑑於此，禹偁為
宦期間，「黽勉在公，憂虞度歲」〔註63〕，「雖在燕閒，或罹憂患」〔註64〕，
時時關注社稷安危，並多次上書言事，分析時政利弊，提出解決措施，以達
到清明政治、繁榮經濟、穩定社會的目的。

端拱元年（988）三月，太宗下詔求直言，禹偁上奏提到：「臣曾為縣吏，
每督民租，為尺布斗粟之逋，行滅耳鞭刑之法，因知府庫，皆出生靈。」〔註65〕
因此，向統治者呼籲：「無侈乘輿，無奢宮宇，當念貧民，室無環堵。無崇臺榭，
無廣陂池，當念流民，地無立錐。……勿謂豐財，經費不節，須知府庫，聚民
膏血。勿謂強兵，征伐不息，須知干戈，害民稼穡。」〔註66〕其重點在於節約
財政開支，重視農業生產，抑制豪強兼併，減少軍事征伐，極具現實針對性。
當年，禹偁又向太宗上《三諫書序》，矛頭直指「縉紳浮競，風俗澆漓」，「象教
彌興，蘭若過多」，「選舉因循，官常斁紊」〔註67〕三方面的問題，期望能端正
士風，沙汰僧尼，減省官吏。

端拱二年（989）正月，王禹偁應詔上陳備邊禦戎之策，〔註68〕包括外任
其人、內修其德各五策。外任其人五策分別是：一曰兵勢患在不合，將臣患
在無權；二曰偵邏邊事，罷用小臣；三曰行間諜以離之，因釁隙以取之；四曰
以夷狄攻夷狄，中國之利也；五曰下哀痛之詔以感激邊民。這是站在歷史的
高度，在總結漢、唐以來民族政策經驗教訓的基礎上，得出的符合客觀實際

〔註61〕 《東都事略》卷39《王禹偁傳》，第314頁。
〔註62〕 《王黃州小畜集》卷15《既往不咎論》。
〔註63〕 《王黃州小畜集》卷22《揚州謝上表》。
〔註64〕 （宋）蘇頌：《蘇魏公文集》卷66《小畜外集序》，中華書局點校本1988年
　　　　版，第1010頁。
〔註65〕 《王黃州小畜集》卷21《進端拱箴表》。
〔註66〕 （宋）王禹偁：《王黃州小畜外集》卷10《端拱箴》，四部叢刊初編本，第133
　　　　冊，上海書店影印本1989年版。
〔註67〕 《王黃州小畜集》卷19《三諫書序》。
〔註68〕 《續資治通鑒長編》卷30，端拱二年正月乙未，第671～675頁。

的安定邊疆的主張。與之相應，內修其德五策分別為：一曰並省官吏，惜經費也；二曰艱難選舉，抑儒臣而激武臣也；三曰信用大臣，參決機務；四曰不貴虛名，戒無益也；五曰禁止遊惰，厚民力也。這是針對內政方面的弊端而提出的具體改進意見。上述見解切中時弊，故而太宗覽奏，深加歎賞，宰相趙普尤其器重王禹偁。

至道三年（997）五月，真宗下詔求直言，王禹偁上疏言事，有感於「邊鄙未盡寧，人民未甚泰，求利不已，設官太多」的現實情形，提出如下五條建議：其一曰謹邊防，通盟好，使輦運之民有所休息；其二曰減冗兵，並冗吏，使山澤之饒稍流於下；其三曰艱難選舉，使入官不濫；其四曰沙汰僧尼，使疲民無耗；其五曰親大臣，遠小人。〔註69〕其中涉及邊防、冗費、選舉、僧尼與用人五方面的問題，觸及現實問題的要害。范仲淹在仁宗天聖（1023～1031）、慶曆（1141～1148）年間提出的改革主張，實乃王禹偁上述內容之繼承與發展，〔註70〕就此而言，此篇政論或可視為北宋政治改革先河的開山之作。

咸平三年（1000）十二月，在獲悉濮州知州王守信、監軍王昭度家遭盜賊趁夜搶劫之事後，知黃州王禹偁上書言事，提出「漸葺城壘、繕完甲冑」，使「郡國張禦侮之備，長吏免剽略之虞」〔註71〕的建議，真宗准奏。在這次上奏中，禹偁再次表達了革新政治的願望，認為「改轍更張，因時立法，固無所執」，「救弊之道，在乎從宜」〔註72〕，希望統治者立足實際採取革新時弊的有效措施。

上述言論，集中體現了禹偁對於現實社會的思考，且大多一針見血地直指問題的癥結，對於趙宋王朝確有補弊糾偏的意義。而從深層次考察，以上見解又是禹偁憂患意識的外在反映，與其躬行直道的政治理想、直書實錄的著史主張，呈現出一以貫之的內在聯繫，同為解讀其史學思想不容忽視的內容之一。

五、餘論

史學是學術思想領域的重要構成部分，通常與學術思潮的主流步調相一

〔註69〕（宋）王禹偁：《上真宗論軍國大政五事》，載（宋）趙汝愚編《宋朝諸臣奏議》卷145《總議一》，中華書局點校本1999年版，第1650～1652頁。
〔註70〕《王禹偁事蹟著作編年》，第168頁。
〔註71〕《續資治通鑑長編》卷47，咸平三年十二月，第1038頁。
〔註72〕《續資治通鑑長編》卷47，咸平三年十二月，第1037～1038頁。

致。宋初士人總體上「因陋守舊，論卑氣弱」〔註73〕，學風與五代並無二致，這種情形直至慶曆之際，始有改觀。正如南宋時人陳傅良所言：「宋興，士大夫之學，亡慮三變：起建隆至天聖、明道間，一洗五季之陋，知鄉方矣，而守故蹈常之習未化。」〔註74〕宋初史學同樣呈現出「守故蹈常」的特點。而在北宋初年史學仍然處於恢復階段的背景下，王禹偁立足於躬行直道的內在要求，所形成的以直書、褒貶與憂患為主要思想內容的直道著史風格，明顯游離於其時史學風尚的整體氛圍之外，在宋初史壇獨樹一幟，特立獨行。儘管其所高揚的治史理念，最終未能力矯頹俗，滌蕩舊風，甚至屢遭斥棄，為主流政治所不容，但現實的種種挫折，並不足以掩蓋王禹偁直道著史的獨特價值。原因在於：其一，在直道著史思想支配下撰寫的歷史著述，保留了有關歷史事件和人物，尤其是宋初某些政治疑案的重要記錄，為後人瞭解有關事實真相提供了珍貴史料；其二，直道著史思想是對中國史學直筆優良傳統的執守，一定程度上突破了史學壁壘的禁錮，從而在宋初史學格局的單調畫板上增添了難得的異樣色彩，彌足珍貴。其三，作為直道著史思想主要構件之一的憂患意識，所激發的對於時政的思考，為北宋中葉政治改革大潮的湧動作了無形的助推，為士風、學風的轉變積澱了必要的智識資源。當然，從直道著史風格的被壓制來看，今人亦可洞察皇權干預史學力度增強的深層次原因。所以說，王禹偁直道著史的史學風格，在宋代初期的史學發展進程中自有其一席之地，殊值留意。

原刊於《湖北大學學報》2018 年第 5 期

〔註73〕《蘇軾文集》卷 10《六一居士集敘》，第 316 頁。
〔註74〕（宋）陳傅良：《止齋集》卷 39《溫州淹補學田記》，文淵閣四庫全書本，第 1150 冊，臺灣商務印書館 1986 年版，第 809 頁。